ポンコツ総理スガーリンの正体

菅 義 偉

すべてはウソと八百長だった！

評論家・ノンフィクション作家
佐高 信
ジャーナリスト
青木 理
元文部科学事務次官
前川 喜平
東京新聞記者
望月衣塑子
元京都大学原子炉研究所助教
小出 裕章

【現地レポート】
馬毛島基地問題は「逆森友事件」だ

西谷文和・編

日本機関紙出版センター

はじめに

「スガーリンこと菅義偉が、これほどポンコツだとは思わなかった」。スガ政権になってから多くの有識者がこんな感想を述べている。ASEANをアルゼンチンと言い、福岡県を静岡県と間違えるスガ。官僚の作った答弁書をぎこちなく読み上げるだけのスガ。二階俊博の利権で始めた「Go To トラベル」を止められずに、感染爆発を招いたスガ。自分の息子を「バンドを辞めてプラプラしてたから」と秘書官にするスガ。

本書では「なぜこんなポンコツが総理の座を勝ち取ることに成功したのか」を分析する。

かつてスガは「鉄壁のガースー」と呼ばれていた。これは、多分に官房長官記者会見の映像が原因だ。あらかじめパンケーキを食べさせている記者たちに囲まれ、質問は事前に把握し、「更問い」が禁止され、スガの後ろにいる官邸報道室長が「時間が来たので終わりまーす」。因みに「更問い」とは「さらに問う」こと。「その指摘は当たりません」と言い放つスガに対して、「なぜ当たらないと言い切れるのですか?」と、重ねて質問ができないシステムになっていたのである。こんな「八百長記者会見」の映像が連日のように流された結果、虚構のイメージが醸成された。つまり7年8カ月もの官房長官時代、ポンコツがポンコツであることがバレなかったのは大手メディアの責任が大きい。特に政治部の。この辺りの分析は青木理氏と望月衣塑子氏との対談に詳しい。

もう一つの原因は「人事権の掌握」。スガ直属の部下で警察庁出身の杉田和博官房副長官が官僚や学者たちの個人情報を握り、自分たちに従う者を出世させ、耳の痛いことを言う者は左遷してき

平氏との対談を。

結構知られるところとなった。スガーリンの後ろにはスギターリンがいたのだ。ここの部分は前川喜

た。この「人事による独裁」は、検事総長をめぐる定年延長や、日本学術会議への任命拒否などで、

最後に、「カネによる独裁」。「しんぶん赤旗」の調べによると、スガは官房長官時代、内閣官房機密費95億4200万円余の内、領収証のいらない「つかみ金」として約86億円、1日に307万円を2822日間、使い切っていたという。もちろんこれは税金だ。私も含めて(笑)、人はカネに弱い。1日307万円もあれば、多くの人物を籠絡できる。自民党からのカネ(これは政党助成金＝税金が入っていた可能性が高い)1億5千万円をばら撒き、妻案里を当選させた河井克行は、さしずめミニ・スガーリンだ。本物のスガーリンはその57倍、86億円を使って、自分のお友達やヒラメ官僚、ヒラメジャーナリストを囲い込んできた。この政治とカネの話を含め、スガーリン全般については評論家の佐高信氏との対談をぜひお読みいただきたい。

「馬毛島基地問題」はスガ案件と言われ、もともと約4億円の無人島が防衛省の試算で45億円になり、160億円で売買されたと報道されている。このことを問われて、スガは「安いもんだろ?」と言ったそうだ。税金の私物化。その税金を使った独裁的支配。だからスガーリンなのだ。拙著を最後まで読んでいただき、「スガ政治を許さない」という全国的な運動が巻き起こればいいなと思っている。

(「はじめに」を含め本書は全て敬称略)

もくじ――ポンコツ総理　スガーリンの正体

第1章

スガーリンに退場勧告だ！

佐高信
青木理
前川喜平
望月衣塑子

総理大臣・菅義偉の10の大罪

佐高　信（評論家・ノンフィクション作家）

ヤクザ政権から半グレ政権に

「公共」という概念がない

――スガ政権が誕生して、佐高さんは常々「アベ時代はヤクザ政権で、スガになって半グレ政権になった」（笑）とおっしゃっています。これはどういうことですか？

佐高信　私はヤクザや半グレの世界に詳しいわけではないけど（笑）、ヤクザっていうのは一応、組があって親分がいて「カタギの衆には迷惑をかけない」という建前としての仁義がありますよね。半グレというのは「半分愚連隊」という意味らしいけれど、暴走族上がりとか、組織が嫌いな人たちの集まりで、ヤクザよりも凶暴、凶悪なんだね。つまり実質的には安倍派である細田派、麻生派、竹下派。みんな親分は2世、3世なんだ。それに対して二階はいったん自民党を出た人物。

――そうそう、小沢一郎さんの下で自由党に入ってましたよね。

佐高　本人も「半グレじいさん」（笑）のような人物で、半グレを集めているわけだ。例えば民主党の幹事長だった細野豪志や片山さつき、佐藤ゆかり……。

――カジノ汚職で捕まった人もいましたね。

佐高　秋元司。二階派にはロクな者がいない（笑）。その上で自民党の中で戦闘性が強いんだ。実はスガも無派閥を標榜していて、半グレに分類される。つまり二階、スガというのは半グレ連合で（笑）、ヤクザであるボンボンたち、アホー太郎（笑）などが一歩出遅れたんだね。その間に二階、スガの半グレ連合に固められちゃった、というわけだ。

――確かに半グレの方が、暴対法が適用されないので凶暴化しやすい。

佐高　そう、下手すれば警官まで撃ち殺しかねない集団だからね。そんな感じで、より凶暴になった政権と言える。

――スガは無派閥と言われてますが、実質的には公明党と維新の会がスガ派でしょう？

佐高　そうそう。特に大阪は維新が強いでしょ。

――都構想の住民投票で負けても、まだ都構想にこだわってますよ。

佐高　維新かニシンかわからないけど（笑）。維新は竹中平蔵とくっついている。維新は新自由主義だということをあまり指摘されていないんだよね。竹中は橋下徹とツーカーで、「公共」という概念がないのが、維新と竹中。

――何でもかんでも会社化、民営化するんですよ。

佐高　竹中は「今だけ、俺だけ、金だけの男」と言われてるね。

――最悪じゃないですか。

佐高　で、和歌山県の出身でしょ。二階も和歌山。

――ホンマや。

佐高　だから「関西が日本を毒している」（笑）と言ってもおかしくはない。

――橋下維新も大阪（笑）。佐高さんはズバッと「スガ政権は竹中政権である」とおっしゃってますよね。

佐高　竹中は小泉政権の下で、2005年に総務大臣に抜擢される。その時の副大臣だったのがスガ。スガは元々なんの思想もない頭カラッポな男でしょ（笑）

――そうですよ。官僚の書いたものを読まないと答弁できない（笑）

佐高　竹中にビックリしちゃったんだね。洗脳されちゃったわけだ。スガ政権になって、「成長戦略会議」の委員に復活した。だから私は『竹中平蔵への退場勧告』（2020、旬報社）を出版して2カ月で3刷になったよ。

――この出版不況の中で、増刷はうらやましい（苦笑）。私も読みましたが、改めてこの人物が日本を、労働者を不幸にしてきたんだなー、と思いましたよ。

政権に批判的でなければドロボーでも雇われる

佐高　この本で書かなかった事実がもう一つあって、竹中の弟分に当たる高橋洋一というとんでもないのがいる。

――嘉悦大学の教授で、元財務省の官僚ですよね。

佐高　『さらば財務省』（2008、講談社）という本を書いていて、旧大蔵省の中では鬼っ子だった。これが竹中の子分。この人物をスガは内閣官房参与にしちゃった。

——はい、ニュースで見ました。つまり税金で雇ったわけですね。でも問題を抱えている。

佐高　そう。財務省を辞めてから東洋大学教授になった。でも手癖が悪いんだ。

——手癖が（笑）

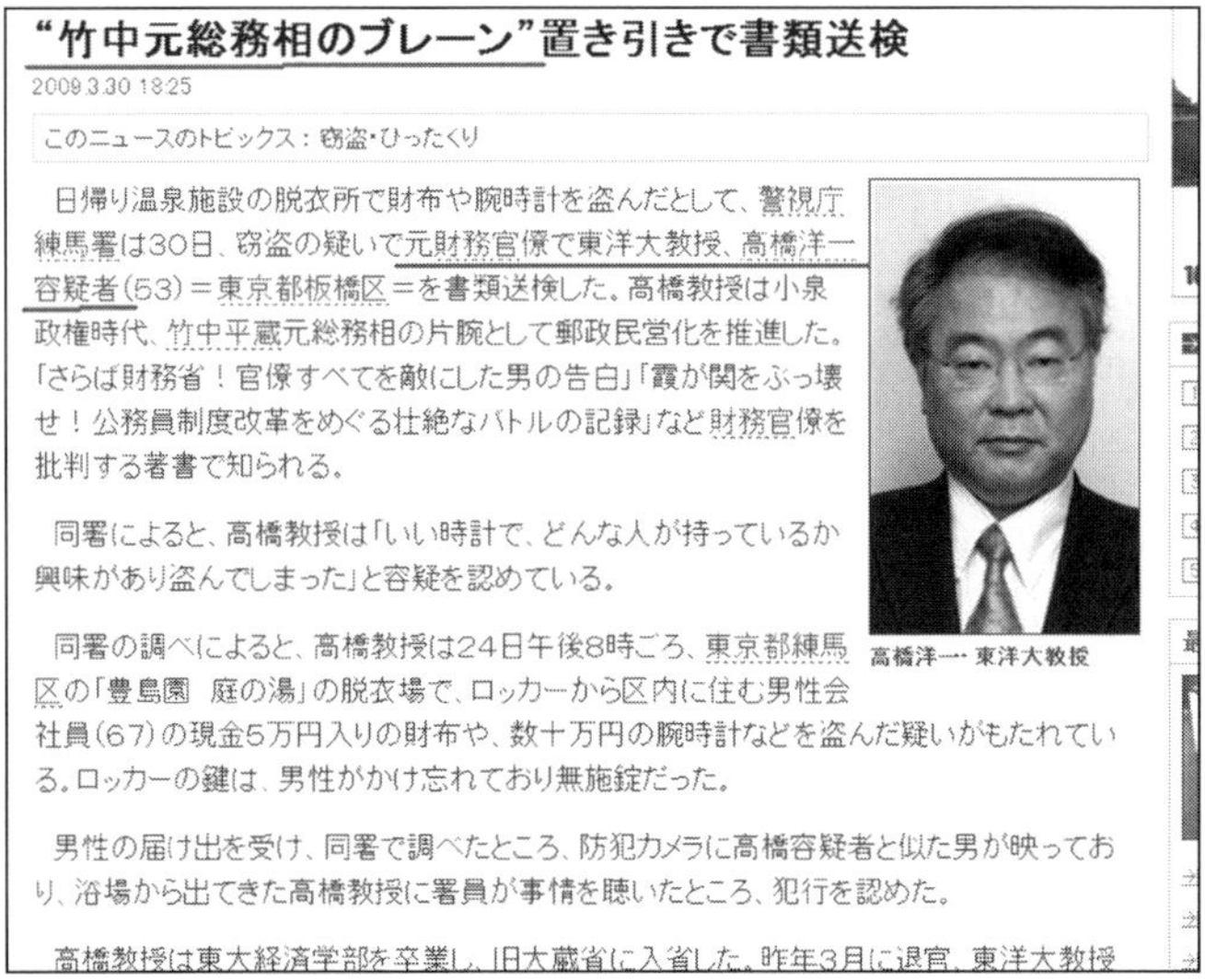

“竹中元総務相のブレーン”置き引きで書類送検

2009.3.30 18:25

このニュースのトピックス：窃盗・ひったくり

日帰り温泉施設の脱衣所で財布や腕時計を盗んだとして、警視庁練馬署は30日、窃盗の疑いで元財務官僚で東洋大教授、高橋洋一容疑者(53)＝東京都板橋区＝を書類送検した。高橋教授は小泉政権時代、竹中平蔵元総務相の片腕として郵政民営化を推進した。「さらば財務省！官僚すべてを敵にした男の告白」「霞が関をぶっ壊せ！公務員制度改革をめぐる壮絶なバトルの記録」など財務官僚を批判する著書で知られる。

同署によると、高橋教授は「いい時計で、どんな人が持っているか興味があり盗んでしまった」と容疑を認めている。

同署の調べによると、高橋教授は24日午後8時ごろ、東京都練馬区の「豊島園　庭の湯」の脱衣場で、ロッカーから区内に住む男性会社員(67)の現金5万円入りの財布や、数十万円の腕時計などを盗んだ疑いがもたれている。ロッカーの鍵は、男性がかけ忘れており無施錠だった。

男性の届け出を受け、同署で調べたところ、防犯カメラに高橋容疑者と似た男が映っており、浴場から出てきた高橋教授に署員が事情を聴いたところ、犯行を認めた。

高橋教授は東大経済学部を卒業し、旧大蔵省に入省した。昨年3月に退官、東洋大教授

高橋洋一・東洋大教授

「産経新聞」2009年3月30日

佐高　（スポーツ）ジムか何かへ行った時に、客のブルガリの時計を盗んじゃった。

——ロッカールームがあります。ジムには風呂もあるから。

佐高　財布と時計を盗んじゃった。そういう「癖（へき）」があるんだな。

——それ、癖（へき）ではなく（笑）、犯罪じゃないですか。

佐高　防犯カメラに写ってて、逃れられない。それで東洋大学教授をクビになった。

——そりゃそうですよ。犯罪者が大学で法律を教えるなんて（苦笑）。これって不名誉な話じゃないですか。

佐高　私はあちこちで書いてるけれど、新聞・雑誌は書かない。

――このことを知らない人が多いです。

佐高　知らない人が多いのと、弁護士なんかは「前歴を問うのはいかがなものか」という「人権派」もいてね。

――一般人に対してはそうかもしれないけど、この人は政府に雇われた公人でしょ？

佐高　内閣官房参与にして税金払うんだからね。わかりやすく言うと「政権に批判的でなければドロボーでも雇われる。しかし政権に批判的であれば、まともな学者でも雇わない」

――前川喜平さんなんか、スキャンダルまで探されて、口を封じようとするのに。

佐高　出会い系バーなんか持ち出されてね。前川さんもだが、日本学術会議の任命拒否問題。

――そう、6名が除かれてしまった。

佐高　つまり、ドロボーでも（笑）従うものは重用される。この話を広げろって言ったの。いろんなところで。

――安保法制に反対したらメンバーに入れないけど、ドロボーは入れる。

佐高　何が（学術会議に）10億円も税金使っている、だよ。ドロボーに税金使って、これこそが「盗人に追い銭」じゃないか（笑）

――でもこの高橋洋一さん、テレビにも出てはりますよ。「ナントカ委員会」とか。

佐高　夕刊フジに連載してるよ。恥知らずなヤツだ。また、それを許しちゃうってどういうこと？

嘉悦大学が拾っちゃったんだ、これを。

――大阪都構想の住民投票で、嘉悦大学が「大阪都になったら、どれだけの経済効果があるか」というシミュレーションをやっているんです。で、その時「数字が操作されているのでは？」という指摘があちこちから出た。あの時「なんで維新が嘉悦大学に頼んだのかな」と。

佐高　おそらく高橋洋一がいるから。これは竹中つながり。維新と高橋は「竹中組」なんだ。

――ようやく今、「嘉悦大学の謎」が解けました。

佐高　今「竹中組」って言ったけど、竹中もスガも高橋も「半グレ」だからね。「組」にはなれない。人徳がないから（笑）

――でも凶暴で（笑）、国民から見ればヤクザの方がマシやった、ということになりますね。

「愛の不時着」と菅政権

佐高　だから緊急に河出書房新社から『総理大臣　菅義偉の大罪』（２０２０）という本を書いた。

――罪ではなく「大罪」ですね。

佐高　この本の一番最初に「10の大罪」を並べている。

――10個もあるんですね。まず、どんな大罪がありますか？　スガには。

佐高　それを言う前に、あなたは韓国ドラマ「愛の不時着」を見たの？

――見ました。「耳野郎」でしょ？　ハマりましたよ、面白かった。

佐高　意外にね、集会とかで講演すると「愛の不時着」を見ていない人が多い。

――ネットフリックスの配信でしたからね。テレビの地上波じゃなかった。

佐高　それもあると思うけど、（政権に）批判的な人は堅いんだよ（笑）

——みんな、真面目やからね。

佐高　遅れをとるのよ。流行を取り入れなきゃ。先日、横浜でしゃべった時、100人くらいの参加者に聞いたんだ。「見ましたか?」って。10人くらいしかいなかったな。

——僕の周りには2回も3回も見た人いますよ。特に年配の女性。主人公の男性に惚れちゃった（笑）という人も。

佐高　それで「耳野郎」の話だ。北朝鮮で盗聴を専門にしている人がいて。

——ずっと聞いてて、スキャンダル探しの専門家。

佐高　それで精神的におかしくなっていく。この人はその後に改心するんだが、スガ内閣は簡単に言うと「耳野郎内閣」なんだ。

佐高信『総理大臣 菅義偉の大罪』（2021年、河出書房新社）

——杉田和博官房副長官がまさにその役割。

佐高　それに加えて問題なのが国家安全保障局長の北村茂。

——どちらも警察庁上がりの人。

佐高　そうそう。人を見たらドロボーと思え、という。

——自分たちがドロボーやんか（笑）

佐高　ドロボーを許したり、伊藤詩織さんの事件、つまり準レイプの逮捕状まであるのに加害者を許してやったり。

――成田空港で、逮捕状まであるのに、見逃してしまった。確か指示したのは中村格（なかむらいたる）という人でしたね。

佐高　スガの秘書だった人物。今度、警察の親玉になるらしいけど。だから「耳野郎内閣」なんだよ。

――これ、『1984年』の世界じゃないですか、ジョージ・オーエルの。ずっと見張られて、ウソが真実になっていく。

佐高　「不時着」の方がいい、オーエルと言ったら離れるの（笑）

――すいません（笑）、不時着の方がいいですね。

佐高　どっかにインテリ臭が（笑）。ジョージ・オーエルって誰？ってなる。

――でも「不時着」見てただけマシでしょ（笑）

佐高　まぁそうだな。さっきの話で10人しか見てないってガックリきたね。

――でもそんな真面目な人たちだから、佐高さんの話を聞きに来るんですよ。

佐高　でも、みんなが真面目に話をしたら、向こうに負けるの。

――優等生ってあんまり人気がない。むしろ「ちょいワル」の方が、人気がある。

佐高　そう。俺は優等生だけどね（笑）

――よー言いますね。これだけ毒、まいといて（笑）

佐高　それでね、1番目の罪は「樒（しきみ）の花が似合う陰険監視の罪」だ。

――榕の花、つまり葬式の花ですね。

佐高　スガは暗いんだよ。榕っていうのはね、「悪しき実」から取ったんだって。実に毒がある。

――確かに陰険な監視内閣ですよね。杉田さんが8年間、ずっと監視している。内閣調査室、いわゆる内調を使って。

佐高　あなたも俺も監視されてるんだよ。

――恐ろしいな。私はイラクやアフガニスタンに行くのですが、ネットで航空券取ったら外務省から電話がかかって来るんです。「あなた、行くのですか」って。

佐高　あーそう。有名人だね（笑）

――邦人保護係ってあるんですよ。日本人が危険な国に入って捕まったら「警察が困るから、行ってくれるな」と。

佐高　あなた、名簿から落とされてるんじゃないの（笑）。早く捕まって、日本からいなくなってください（笑）

――名簿から落としてほしいですよ（笑）。外務省のみなさん、そっとしておいてください。

佐高　少し話がずれるけど、先日弁護士の亀石倫子さんと対談したんだ。

――19年の参議院選挙に立憲民主党から立候補した亀石さん。先日GPSの裁判で勝ちましたね。

佐高　そうそう。見事な勝利だったね。

――だから前から言ってたんですよ。参議院の大阪と兵庫の選挙区。大阪は共産党の辰巳孝太郎さんが現職で、森友問題の鋭い追及で人気が高かった。なので立憲民主党が亀石さんをおろして一本化する。その代わり亀石さんは兵庫に鞍替えして、共産党が金田峰生候補をおろし、亀石さんに一本化する。そうすれば共に勝利していたのにって。

佐高　野党は共闘しないとダメだね。それでね、このGPS裁判ではっきりしたことは、「悪いことをした人にも人権がある。人の車に勝手にGPSをつけて捜査してはいけない」ということ。大変重要な裁判だった。スガはそれが分かっていない。

――今はICチップというのがありますから、追跡して調査するのは簡単ですよ。

佐高　高橋洋一にICチップをつけろ（笑）って話だよ。

――前川喜平さんには付けてた（笑）んですね。

佐高　そうそう。俺も付けられてたりして（笑）

――付けられてますね（笑）

佐高　ヤバイな、それは。

――で、1番目が「陰険監視の罪」。

佐高　暗いんだ、全体がね。

――作家の辺見庸さんに「特高顔」って言われて、スガは激怒したって話ですね。特高、戦前の特別高等警察の雰囲気、ありますよ。

官僚の下僕化と有害非行老人たち

佐高　それで2番目が「官僚の下僕化を進行させた罪」

――官僚は忖度して逆らえない。

佐高　ふるさと納税。あれ、おかしいよ。

――飛ばしましたね、異議を唱えた官僚を。

佐高　ふるさとはね、「遠きにありて思うもの」なんだ。公的なサービスは住んでいるところで受けるわけで、税金の公平性にも傷がつく。

――だって、今は「返礼品合戦」になってるじゃないですか。肉がもらえるとか。

佐高　それに簡単につられてしまう、というのも情けないよね。

――下僕化で言えば、典型例が佐川宣寿。公文書の改ざんにまで手をつけた結果、国税庁長官に出世した。

佐高　反対に、自殺した赤木俊夫さん。奥さんの裁判を支援しないとダメだね。

――3番目は何でしょう?

佐高　「アベ疑惑つぶしと河井克行ら、押し出しの罪」

――そうですよ、アベの桜疑惑で言えば、官房長官として「5千円でできるんじゃないですか、前夜祭」なんて言ってましたよ。

佐高　自分もやってるんだよ。横浜で。

――そう、会費1500円でパーティーしてる。差額を補てんしたのは官房機密費と違うか、と思っているんですが。

佐高　スガ自身は半グレだけど、カッコ付きの半グレ集団、スガ派っていうのがあるんだ。その助さん格さんが河井克行と菅原一秀だ。

――どっちも疑惑まみれ。

佐高　どっちも大臣を辞めた。

――1人は捕まっている。

佐高　箸にも棒にもかからないのしか（笑）、スガには集まってないわけだ。その顧問格が竹中平蔵で、客分が高橋洋一。ドロボー集団（笑）みたいなものだよ、スガ派っていうのは。

――菅原一秀って面白かったですね。アベにはローヤルゼリー大を送っていて、塩崎恭久元厚労相にはローヤルゼリー小。あれで「政治家の序列」（笑）がわかりました。

佐高　アベ疑惑つぶしで言うと、石破茂にはやらせたくなかった。

――モリカケ桜の再調査が始まるから。

佐高　アベの辞任だけど完全に仮病だよね。

――今、ピンピンしたはりますもん。

佐高　潰瘍性大腸炎って、医者が言ったことは一回もない。

――医者の診断書、ナシでした。

佐高　本人が言ってるだけ。比較するのもおぞましいけど、石橋湛山とかいろんな人が辞めた時は、ちゃんと診断書が出てる。今回は、医者が断ったんだよ。

――虚偽の診断書は書けない、と言ったらしいですね。

佐高　黒川弘務東京高検検事長を検事総長にしたかったから、検察に手を突っこんだでしょ。それで検察も頭にきている。

――「官邸の守護神」と呼ばれていた黒川さんで乗り切りたかったけど……。

佐高　逆効果だった。トップが林眞琴になった。これに4番目の「有害非行老人の罪」が絡んでくる。

――誰ですか、有害で非行な（笑）老人って。

佐高　二階俊博と麻生太郎。一応自民党にも定年制があるの。

――公明党は有名ですが、自民党にもあるんですね。

佐高　73歳。

――えっ、それならこの2人は……。

佐高　両方とも80代だよ。スガが72歳だったかな。スガは自民党の野党時代に選挙対策副委員長をやったことがある。委員長は古賀誠。この時に世襲制限をやろうとした。なぜかと言うと当時の民主党が世襲制限を言い出したので、それをパクったわけだ。

――当時は民主党の支持率も高かったので、2世、3世はダメだと、国民受けを狙った。

佐高　ところがその時の選挙で（小泉）進次郎が引っかかることがわかった。

――進次郎は4世ですからね（笑）

佐高　純一郎から進次郎へのバトンタッチ。これをやろうとしたら自民党の公認が取れない。猛烈な反発が起こった。だって4割以上でしょ、自民党の世襲議員。

――アベも麻生もそうですからね

佐高　猛烈な反発があって、スガは早々に引っ込めた。逆に世襲を持ち上げたりするインタビューが残っている。これは俺の名著『総理大臣　菅義偉の大罪』に詳しく載せてある。

竹中平蔵の弱者切り捨て政策

――4番目が「有害非行老人の罪」で、5番目は？

佐高　その前にやっぱりアホー太郎だ（笑）。今後興味深いのは「ヤクザと半グレの戦いがどうなるか」だよ。

――イタリアマフィアのような帽子かぶってますもんね（笑）

佐高　「二階＆スガ」対「麻生＆アベ」だな。

――二階、スガの陰険悪辣コンビと、麻生、アベのボンボン・バカボンコンビの戦い（笑）ですね。

佐高　二階っていうのは中国派で知られている。アメリカが中国と対立している中で、その影響がどう出てくるか。スガは引き裂かれるわけ。日米同盟基軸という流れに二階がそれを許さないわけだ。多分、利権も絡んでる。加えて二階・スガ連合は公明党がバックアップしている。

――そうでしたね。公明党の票で選挙を勝たせてもらっているわけですから。

佐高　さらに麻生と竹中、これが大変仲が悪い。

――ちょっと麻生さん見直したな（笑）

佐高　この2人は不倶戴天の敵なんだ。麻生に政策理論があるわけではないけれど、竹中が委員になるときに反対しているんだ、二階も。

——郵政民営化など、日本の資産をアメリカに差し出すときに、麻生は反対した。その対立があるんですね。

佐高 アベ内閣は今井内閣だといわれてた。経産省出身の官僚が牛耳ってたわけだね。それが、今井尚哉が外されて、竹中ラインになる。ここでもまた対立がある。

——そんな水面下の麻生ライン、竹中ラインの対立の中で、5番目の罪が「竹中平蔵流、弱者切り捨て全面展開の罪」となっていますね。

佐高 とんでもないのばっかり集まっているんだ。竹中、アトキンソン、北尾吉孝SBI証券。SBIってのはソフトバンク・インベストメント。

——知りませんでした。その北尾っていう人。

佐高 最初は孫正義と一緒に事業をしてた。でもタチっていうか、スジが悪い人物。確か野村證券にいたのかな。それがSBIを作って、地方銀行を傘下に収めようとした。つまりスガの話で「地銀をどうのこうの」ってあるでしょ。これ、北尾から来てるんだ。今ね、地方銀行が必死に支えてるわけだよ。地域の商工業を。

——コロナ禍の中で地方銀行は商店街を倒産させないように必死になっている。地銀をつぶしたらダメじゃないですか。

佐高 アトキンソンや北尾の理論で政治をやったら、ダメになるよ。

——アトキンソンは中小企業を淘汰せよ、要らないっていってるんですよね。

佐高 お前が要らないんだよ(笑)。それで竹中の最大の罪は、会社についての規制を全部外したわけね。分かりやすいのは派遣労働。

――そうですよ、正社員をみんな派遣にして、みんなの賃金、年収をガクッと落とした張本人じゃないですか。

佐高　一人ひとりの物を買う購買力、これが下がれば経済は回らない。

――当たり前の話ですよ、給料下げられたら、みんな物を買わなくなります。

佐高　それで企業にばっかりカネが集まっちゃった。

――内部留保ですね。

佐高　475兆円！だよ。コロナの前が450兆円だった。

――えっ、コロナでも増えている？

佐高　さすがに減るだろうと思っていた。この状況で法人税を下げました。

――消費税を引き上げた度に法人税を下げてきたんです。

佐高　だから法人税を10％上げただけで、税収は急増する。その分をコロナ対策や医療分野に回せばいいわけだよ。

――税金とは「富の再分配」ですから大企業とか大金持ちから取ればいい。

佐高　「今だけ俺だけカネだけ」の男にやっちゃダメなんだ。

――竹中平蔵のやったことは、国民を不幸に叩き落すことだった。

佐高　これ、言っていいのかわかんないけど、やっぱり言うけど（笑）、朝まで生テレビってあるよね。

――朝ナマ、ですね、田原総一朗さんの。

佐高　あれ、2回続けて竹中が出た。古い付き合いだから、田原さんから電話がくる。先日は竹中に対するアンチとして森永卓郎さんに出てもらったと。でも森永さんは上品すぎたと。

――でもおっしゃってることはマトモですよね。

佐高　そう、俺も友達だけど。でも凶暴性が足りないよね（笑）

――穏やかな方ですよね

佐高　穏やか。

――良識ある人は穏やかになっていきますよ。

佐高　俺も元はそうだったんだよ（笑）。それで田原さんは「佐高を出せ」って。しかしね、絶対に竹中は「佐高が出たら私は出ない」と言ってるはずなんだよ。なぜか？　学者はね、例えば金子勝でもさ、理論闘争をしたがるわけ。

――デフレラインがこうで、インフレ曲線がどうのこうのと。

佐高　そうなれば「言い訳達人」の竹中に負けるよ。

――それに視聴者やリスナーは分かりませんわ。難しくてどちらが正しいのか。

佐高　そう。だから俺はね、竹中に向かって、自分のことを「中立的有識者」というのなら、なんでお前は人材派遣会社パソナの会長してるんだ？　それでパソナからいくらもらってるんだ？と（笑）、報酬は1億円とも言われてるんだけどね。

――国民を不幸に叩き落として、企業を儲けさせたその報酬が1億円ですね。

佐高　「田原さん、俺が出るって言えば、竹中は出ませんよ」と答えたんだが、田原さんも少し歯がゆかったんだろうね、俺に内幕を言ってくれたわけだ。

――そう言えば、大阪市役所の窓口、ほとんどパソナになったそうですよ。地方公務員を削って。パソナが住民課とか税金の窓口に派遣している。

佐高　そうそう。竹中って元は日本マクドナルドのね……。

――藤田田さん。

佐高　フジタ未来経営研究所の理事長だった人。それで公開前の株式を、あいつに言わせると「適正価格で」譲り受けた、と国会で問題になったんだよ。

――えっ、それはリクルート事件と一緒じゃないですか。

佐高　俺は「マック竹中」（笑）と言ってる。つまり「マック竹中」で「パソナ平蔵」（笑）なんだよ。

正攻法では負けてしまう。猫だましでもいいから、わかりやすく戦え

自民党に「いつまでも着いてくる下駄の雪」

――後半は「菅義偉10の大罪」の6から10までをお聞きしますね。6番目の罪は？

佐高　「創価学会・公明党との癒着、野合の罪」

――まさにそうですね。公明党は「（自民党に）いつまでも着いてくる下駄の雪」と揶揄されてますね。安保法制も強行採決するし。

佐高　最近では「下駄に挟まった石」。雪は溶けるけど石は溶けない（笑）。スガは最初、横浜市会議員から国会に立つ時、相手が創価学会出身の青年部長だった。

――そうらしいですね。

佐高　当時のスガは池田大作を名指しで批判してた。池田大作を「人間の仮面をかぶった狼」って言ったんだ。俺だって言わないよ、そんなこと（笑）

――スガは今、池田大先生（笑）になってるのに。

佐高　傑作なのは、次の選挙の時、公明党と手を結んだんだ。

――1回目の選挙でギリギリ勝った時に、スガは「二度とこんな選挙をしたくない」って言ったんですよね。

佐高　そう。相手は政党ではなかった。宗教団体だった、と。最近、佐藤優が『池田大作研究』（2020、朝日新聞出版）という本を出したけど、池田大作の「人間革命」引き写し、丸写しだよ、あれ。

――佐藤優ってマルクス主義者と言われたりしてましたが、そうでもなかったのかな？

佐高　だからそれがダメなの。インテリが引っかかるんだよ（笑）。マルクスを語る人がどうして竹中や池田を持ち上げるの？

――マルクスは宗教を否定してますからね。

佐高　今度出した『佐藤優というタブー』（2021、旬報社）で佐藤のことを「知識のはく製だ」と言ってるの。雑学クイズ王なんだよ。俺の本より佐藤の本の方が売れるって、どういうことだよ

（笑）

――結構売れてるらしくて、本屋で平積みされてますよ。

佐高　インテリが馬鹿なんだ。

――佐高さんの私怨が入ってません？（笑）

佐高　いやいや。ヤツの知識は受験勉強的知識なんだ。マルクスや宇野弘蔵などの名前は出すけど。

――佐高さんはよく言われてますよね、大学は干物で現実の社会は生き物なんだと。つまり彼は干物ということですか？

佐高　そう。いわゆる「活動家」ってマルクスの名前だしてりゃいいと思っている人もいるからね。彼は竹中を絶対に批判しないから。

――創価学会の雑誌、「潮」や「第三文明」などによく書いてはりますよね。

佐高　創価学会御用達だ。出版界で佐藤の批判本をなかなか出せないんだよ。

――それは公明党とくっ付いてるからですか？

佐高　違う。佐藤の書いたものが売れるから。佐藤が連載してる雑誌にはね、バカな勉強不足の編集者がみんな佐藤にイカれてるんだもの。

――六つ目はよくわかりました。で七つ目は？

佐高　まだまだ。私怨が入ってる（笑）と言われるけど、まだ終わっていない。スガの話に戻らないと。次の選挙の時に公明党がスガを応援することになっちゃった。

――最初だけは戦ったけど、2回目からは組んだんですよね。

佐高　神奈川の創価学会だって頭くるよ。呼び出しがかかった、スガに。

――行って、頭下げたんですか。

佐高　そう。「スガさん、あんた前の選挙で池田先生をなんて言ったんだ?」。詰問されてね、でも「人間の仮面をかぶった狼と言いました」、なんて言えないよね(笑)。それで1時間ほど説教されて、秘書と「怖かったなー」って(笑)

――自分の選挙に協力してもらったら、強い味方ですもんね。

佐高　野中広務が、その前の自民党の「公明党番」だった。野中さんは、公明党といろんな議論していた。スガは創価学会の佐藤浩と直接やりとりするんだよ。佐藤優、佐藤浩、両方悪者(笑)。だからスガは政教分離なんかクソ食らえなんだ。

――公明党を動かしている実態は創価学会ですから、直接創価学会と話をした方が早いけど、理屈上は公明党と話をしなければいけませんよね。

佐高　靖国参拝の問題だってあるわけだ。佐藤優は今度の『池田大作研究』でね「行き過ぎた政教分離」などと言ってるんだ。お前何考えてんだ、と(苦笑)

――政治と宗教が合体して先の大戦を引き起こしてしまったから、その反省の下に憲法がある。政教分離に「行き過ぎ」も何もないじゃないですか。

佐高　だから佐藤優にタブーが三つある。池田大作に鈴木宗男、そして竹中平蔵。そんなヤツの本読んで、知性なんて言ってたら病垂れの「痴性」になっちゃうよ。

原理原則を蔑ろにしてきた政治

――それで七つ目は？

佐高　「政治の原理原則に対する無知の罪」。これは立憲民主党の辻元清美が『国対委員長』（2020、集英社新書）という本を出したんだけど、それに詳しい。今の国対、安住淳は腰砕けだから。アベを証人喚問しないっておかしいじゃないか。

――辻元さんはANAインターコンチネンタルホテルに照会をかけて、桜を見る会前夜祭で、ホテル側から「どんな方にも領収証を出していません」という答えを引き出して、国会で追及した。アベにすれば辻元さんの追及が一番怖かったでしょうね。

佐高　安住は「妥協の安住」なんだよ。党首の枝野幸男は「伊勢神宮の枝野」だろ。

――毎年、正月にお参りしますね。

佐高　そんな立憲民主党に社民党が吸収されてどうするの？　吉田忠智、吉川元の2人は本当に腰抜け。自治労の丸抱えだからね。自分というものがない。

――社民党、このままだと潰れてしまいますね。

佐高　未熟だけど、福島みずほの応援団長だからね、俺は。

――みずほさんは社民党に残ったんですよね。

佐高　「政治の原理原則に対する無知の罪」の話に戻すけど、辻元の著作『国対委員長』に呆れる事実が載っている。スガが、自民党若手議員の要望を入れて、与野党の質問時間を5対5にしろ、と迫ったんだ。

――そうでしたね、それまで野党7、与党3くらいだったのを、半々にしろと。

佐高　これ、自民党が野党の時は逆のことを言ってる（笑）

――えっ、7対3を8対2にしろ、とか？　身勝手な政党ですね。

佐高　そもそも与党は内閣と一緒になって法案を作るわけだから、質問時間なんかゼロでもいいんだ。

――そうですよ、野党が質問してこそ国会論戦が成り立つわけです。

佐高　その初歩の初歩が分かっていないのが……。

――今、思い出しました。自民党の質問時間が長くなったので、持ち時間を消化できず「般若心経」を読んだヤツいましたやん（笑）

佐高　そうそう、いたな（笑）。原理原則っていうものがないがしろにされている。

――これ大事なことですよね。日本学術会議の任命拒否だって、スガは「学問の自由」に手を突っ込んできたわけですから。

辺野古基地とスガの馬毛島疑惑

佐高　そう、ドロボーは参与にするのに（笑）、まともな学者は排除される。8番目が「地方無視と沖縄・辺野古基地建設強行の罪」

――辺野古基地は、赤土の泥まみれの土で埋め立てています。妥協しませんね、スガは。

佐高　世論を無視してね。住民投票で、はっきりノーと、何度も民意が示されているのに。

――そうですよ。県民投票はもちろん、知事選挙でも、国会議員選挙でも野党が勝ってますよ。こんなに野党が強いのは沖縄だけ。

佐高　２０１５年1月に「佐賀の乱」というのがあった。知事選挙で自民党が分裂した。自民党中央が担いだのが樋渡啓佑。この人物は当時「佐賀の橋下徹」と言われていた。図書館にツタヤを入れたりして、「公共の場をないがしろにする」候補だった。

――竹中流の民営化、会社化。橋下流の「公務員は敵」ですね。

佐高　これに農協が反撃する。「腐っても農協」で、協同組合の精神が残っているんだ。

――いわゆるコモン、共同体の利益を守ろうとしたわけですね。

佐高　それで別の候補、山口祥義を立てた。一方、樋渡はスガに直接頼んで自民党公認を得ていた。スガは「イチゴ農家の出身」と言われてるけど、今の農協はコメ主体だから、スガの親父は農協に対して反感を持ってるんだ。そんな背景もあるし、「佐賀の橋下徹」ということは「佐賀の竹中平蔵」ということだ。

――それで選挙結果は？

佐高　大逆転が起こった。

――２０２０年11月、大阪都構想で反対派が勝利したみたいなことが起きた。

佐高　それでアベが怒ったっていうんだ。お前、「絶対勝つ」って言ったじゃないか（笑）

――そりゃ、アベの顔に泥を塗ったことになりますよね。党首として応援に入ってたんですから。

佐高　だから、地方なんか重視してないんだよ。例えば「ふるさと納税」って、地方重視とは違うからね。

——地方無視の体質。私は特に沖縄の辺野古が許せませんね。あれ、スガの担当ですから。

佐高 その辺野古に絡んで9番目がくるわけだ。それは「馬毛島疑惑」(※第2章で詳述)

——九州・種子島沖の、馬毛島ですね。そこに米軍の基地ができる?

佐高 米軍の基地じゃなくて、演習場。これが大問題。「馬毛島疑惑と怪しい人脈活用の罪」

——スガ政権は「半グレ政権」ですから、怪しい人脈が暗躍するんですね。で、この馬毛島疑惑っていうのは?

佐高 昔々、太平洋クラブってあったでしょ。

——ありました、プロ野球の球団も持ってましたね。確か「太平洋クラブライオンズ」

佐高 平和相互銀行の小宮山英蔵という人が「ゴルフ場を作る」と島を買収したんだけど、計画がポシャるわけ。その後しばらくして、この無人島を買った人がいる。とある建設会社が4億円で。その後「いろいろと整備した」と言ってるんだけど、ここに米軍の訓練を持ってくると。

——タッチアンドゴーと呼ばれる夜間の訓練ですね。

佐高 当初は岩国基地でやるつもりで、ものすごく広い土地を整備したんだ。

——滑走路を伸ばす工事をしたんですよね。米軍のために。

佐高 先日、朝堂院大覚という人物と会ったときに……。

——対談本『日本を売る本当に悪いやつら』(2019、講談社α新書)を出版してはりますよね。

佐高 最後のフィクサーと呼ばれている。

――あの本、よく売れたらしいですね（笑）

佐高　第２弾を出そうと思ってるんだ（笑）。朝堂院は、岩国基地推進の立場でしょっちゅう岩国へ行ってたらしい。

――現地住民を説得しないといけませんからね。

佐高　俺はその頃、反対の立場で行ってた（笑）。あなた、岩国へは？

――行きました。２００６年、米軍基地拡張の是非を問う住民投票の取材で。あの時は基地反対派の井原勝介市長が勝ったのに。

佐高　俺もその応援に行ったんだ。すごい土地だよ、グラウンドとか。朝堂院は「あそこまで金かけたのに、それをナシにしてなぜ馬毛島に」と言うわけよ。

――表向きの理由は「岩国は人が住んでいる。馬毛島は無人島だから」ですか？

佐高　違う。馬毛島の方が、利権があるから。俺は賛成しないけど、岩国の基地拡張に莫大な経費をかけた。つまり税金の無駄遣いをしたけど、馬毛島に持って行く方がいい。島を４億円で買った人も結構いわくつきの人なんだけど、かなり怪しいスジが入り込んだ様子なんだ。

――そもそも４億円で無人島を買うという行為自体が怪しいじゃないですか。普通の人はできませんよね。

佐高　国は、どう見積もっても45億円と提示した。

――えっ、45億円！　10倍以上じゃないですか。

佐高　これで驚いたらダメなんだ。この買収交渉の中で19年の１月、スガが、まさに「スガ案件」で

160億円プラスαで決めちゃったんだ。

――ガースーが！　えーっ、元値4億の40倍！　45億円の4倍。これ森友事件より凄まじい。

佐高　森友は8億円の値引きでしょ。その上にプラスαが怪しい。

――160億円も怪しいけど、このプラスαって何ですの？

佐高　この島を買った人が借金をしていて、根抵当がついているらしい。

――そうか、金を貸している怪しい人たちが別にいるんや。

佐高　それを朝堂院さんが知ってて、いろんな所に電話をするんだ。

――すごいな、朝堂院さんの人脈も。

佐高　ウラの話だよ。それでスガはね「安いもんだろ」と言ったらしい。

――160億円も出しといて！　無人島で！

佐高　テメェの金じゃないんだぞ。

――安いと思うなら、あんたのポケットマネーで買えよ。

佐高　コロナで医療従事者が大変な時に。そっちへ回せよな。何を考えてんだ。

――「学術会議の10億円がもったいない」って言うくせに。自分は内閣官房機密費を1年平均11億円も使ってるくせに。

佐高　だから、この馬毛島疑惑を徹底追及しろって言ってる。

――これ、真相が暴露されたら第2のリクルート事件、内閣ぶっ飛びますよね。

佐高　飛ぶ、飛ぶ。朝堂院さんと一緒に爆弾仕掛けてるわけだ。

――爆弾仕掛けて、「週刊文春」でもどこででもバーンと爆発させてください。

佐高　文春が、ちょっとビビったのか、書かなかった。「週刊新潮」が5ページで書いた。これに資料提供、レクチャーしたのが平野貞夫。

――新聞が続いてほしいですね。「朝日」、「毎日」あたりが。

佐高　俺、この番組好きなのはね、メチャクチャ言ってもいいでしょ（笑）

――スポンサーは市民、タブーなしですから。

佐高　新聞はね、ウラ取れとか、わけわかんないこと言うんだよ。

――でも160億円で買ったと言うのは事実でしょ？

佐高　これは新聞に出てる。「朝日」が書いてる。

――でも元々4億の島を160億で買った、と言うのはほとんどの人が知らないじゃないですか。

佐高　「週刊新潮」には書いてある。

――でも週刊誌だけでは弱い、「朝日新聞」がそこまで突っ込まないと。

佐高　「週刊新潮」は革新的な人は読まないからね（笑）。俺はちゃんと読んでるけど。

――私は誹謗中傷記事を書かれましたから。裁判して新潮社は「遺憾の意」を表明してますが。

佐高　俺は昔、「新潮」に書いてたこともあるから（笑）。これは徹底して追及してほしい。桜を見る会とか、レベルが違うもの。

――5千円の会費が1万円だった、なんて金額ではないですからね。

佐高　そんなみみっちい話じゃない。

――これ、加計学園より大きい話ですね。日米同盟、安保法制までからんできます。

佐高　大きな疑惑だ。それと、言うの忘れたけど、竹中の後ろにはゴールドマンサックスがいる。竹中が出てくる話は「外資に日本を売り渡す」ということ。

――ゴールドマンサックスって、あのリーマンショックでも唯一の勝ち組でしたから。

佐高　その辺りが一般の人がわかりにくい所。例えばアメリカの新聞って訴訟費用を積み立ててるんだって。つまり訴えられることを前提としている。

――それが本物のジャーナリズムでしょう。権力の暴走を許さないという。

佐高　久野収っていう師匠からこの話を聞いて、「なるほどなー」と思ったよ。日本の新聞社は積み立てナシだからね、だから「ウラ取れ」とか言うわけ。つまり「訴えられないように書け」という話。そりゃ、ぬるくなるよ。

――ぬるくなるどころか、スシ食うてますやんか。

佐高　スシローか。

――スシローもそうやけど、スガは「8人ステーキ」した翌日に、フジテレビと会食してましたよ。そのメンバーの中に元電通の高橋治之も。だからスガと高橋がコロナの中で会ってるのは、「何が何でもオリンピックをやるつもり」だと思いますよ。

佐高　でもオリンピックはやれないよ。高橋治之ってのはね、慶應大学で俺の同期か、1期上なんだ。

――東京への誘致に関して、アフリカの票を買うために金をばらまいたと言われてますね。

佐高　日本出られないよ、出たらすぐに捕まる。

――フランス当局が贈賄疑惑で訴追してますね。

佐高　そうそう。

この番組、ウラ取らなくていいからね（笑）

――馬毛島疑惑についてよく分かりました。最後、10番目の大罪は？

佐高　「変心の秋田出身を誇る罪」

――これは分かりにくい（笑）。「変心の秋田」ってなんですの？

佐高　歴史はね、遺恨。歴史ってのは基本的に勝者のものなんだ。

――これ、明治時代まで遡るんですね

佐高　敗者はね、捨てられるの。子母沢寛とか。

――すいません、勉強不足で。

佐高　大衆小説作家が、掘り起こして書く。敗者の歴史。

――東北は敗者になっちゃいましたからね。

佐高　薩摩、長州のバカどもが官軍と称する。東北は福島の会津、山形の庄内、この二つが中心になって新潟を含めて「奥羽越列藩同盟」を作って薩長に抵抗するんだ。で、ここから最初に脱落したのが秋田なんだ。

――秋田は根性がなかったんですね。

佐高　全然、根性ないの。

――だから今も自民党が強い。

佐高　東北ではね、秋田は数段低く見られてる（笑）

――秋田の人、怒ってきますよ（笑）

佐高　もう一つ。東北の人間は、特に長州の風下に立つのを嫌うわけだ。

――なるほど、アベは長州。

佐高　アベの下で一生懸命やるなんて、バカものか（笑）

――そこまで東北の恨みが染み込んでますか。

佐高　秋田そのものが根性ナシ、軸ナシなんだけど、その中でも軸がないのがスガなんだ。

――はい、そろそろ時間になってしまいました。今回は21年1月に発行された『総理大臣　菅義偉の大罪』に沿って、スガ政治をバッサリ斬っていただきました。

佐高　この番組、ウラ取らなくていいからね（笑）。でもね、ウワサって、特に権力者にまつわるウワサって、本当のことが多いんだよ。

――それと、佐高さんが常々おっしゃってますが、向こう（権力者）が汚い手で攻めて来る時に、こちら（民衆）が正攻法では負けてしまう。けたぐりでも猫だましでも（笑）いいから、わかりやすく戦え、と。

佐高　そうそう。だから最後に付け加えるとしたら「ドロボー高橋洋一を忘れるな」（笑）だね。

――どうもありがとうございました。

佐高　どうも。

（この対談は２０２０年12月25日に行われました）

アベスガ政治の危険性、ズバリ分析

青木　理（ジャーナリスト）

あれ以上のタイミングの無いアベの逃げ方

言い訳をさせたら天才だから

――スガ政権の支持率がガタ落ちしています。「八百長総裁選」で政権を握ってから5カ月、今のスガ政権をどのように見てますか？

青木理　これだけポンコツだと（笑）支持率落ちますよね。私に与えられたテーマは「アベスガ政治の危険性。青木理がズバリ分析」ということですが、大前提として僕は政治記者だったわけではなく……。

――司法担当、警察や検察への取材が長かった？

青木　共同通信の社会部で、いわゆる「サツ回り」や、外信部で国際ニュース、韓国に特派員として赴任していたりで、政治記者なんて生まれ変わってもなりたくない（苦笑）と思ってました。だからスガにも直接取材したことがないので、政治や政局の生々しい話は全く知らないんです。なので「ズバリ分析」できるかどうか分かりませんけど、まずは支持率。これだけポンコツだと下がりますよね。

——3割そこそこ。不支持率は5割に近づいてます。

青木　発足当時は確か65％くらいあったでしょ。半年も経たないうちに半分くらいになっちゃった。つまりコロナに関しては後手後手、かつピント外れ。これを国民のみなさんが痛感してるということですね。

——補正予算が19兆円ほど計上されましたが、そのうち14兆円が「Ｇｏ　Ｔｏ」や国土強靭化などの公共事業。コロナ対策はわずか4兆円。

青木　ただこれを編成したのはコロナ第3波、緊急事態宣言の前だったんですね。しかし、おっしゃるようにもっと柔軟に対応するべきだった。「Ｇｏ　Ｔｏトラベル」の予算がまだ1兆円も積んであるんでしょ。これ、補正予算なので今年度、つまり21年3月まで。4月からはまた新たな予算を組む。今日は21年1月28日ですが、2月7日に緊急事態宣言が解除されると思っている人はいないでしょう。

——無理でしょうね。これだけ感染爆発していると。

青木　「Ｇｏ　Ｔｏ」なんてやってる場合じゃない。本来ならもっと柔軟に予算を組み替えたり、いったん棚上げにしたりすればいいと思いますが、その判断もできない。メディアでも伝えられている通り、観光族のドンである……。

——二階幹事長が。

青木　いちいちケチつけるな、と(笑)

——20年12月、「Ｇｏ　Ｔｏ」を中止した時に「勝手なことしやがって」と、スガに激怒したそうですからね。

青木　そうです。これも報道されてますが、二階派の幹部が「(中止を)やれるもんならやってみろ」と脅かしたそうですから、その辺りに気を使っているのかもしれませんね。いずれにしてもコロナ禍の中で、こんなにひどい政権を私たちが抱えてしまっているのは、不幸だなーと思っています。

――アベの時も不幸やな、と思いましたが、スガになって「不幸の二乗」くらいになってますよね。

青木　でもね、一つだけ安倍晋三なる人物を見直したところがありまして。

――えっ、意外やな。どんなところ?

青木　いやー、いい逃げ足だったな(笑)と。いま考えてみると、安倍晋三という政治家にとって、あれ以上のタイミングってないですよ。僕はアベ政権を徹底的に批判していましたが。

青木理『安倍三代』(2017、朝日新聞出版)

――『安倍三代』(2017、朝日新聞出版)という本も書いてますよね。

青木　書きました。安倍政権のやったことで評価できることはほぼ無いんですが、アベがすごかったというより、周辺が陥没しちゃったから7年8カ月もできた。で、一応「憲政史上最長」という称号は取った。

――そうでしたね、記録を抜いた直後、20年8月28日に辞めた。

青木　あの時、コロナが秋冬に来るのは分かっていた。アメリカの選挙では盟友のトランプが危なくなっていた。オリンピックも無理なようだ。こう考えると、あの時点でしか、お腹が痛くなるタイミングはなかった（笑）

——辞めてから元気ですよ（苦笑）

青木　そうそう。あの時にメディアも、われわれ市民も、もっと詰めなくちゃいけなかった。どういう意味かというと、「潰瘍性大腸炎」という持病は持ってらっしゃったのだが……。

——でも診断書はなかった。

青木　そうなんですよ、1期目に辞めたときはお医者さんも会見したし、ある程度の病状を公開してるんですよ。

——しんどそうでしたね、1期目の辞任会見は。

青木　今回は、基本的に病状の詳細が示されてないんです。確かに調子が悪かったのかもしれないけれど、辞めた途端に……。

——コース料理を食べてワインを全部飲んだ、という話も（笑）

青木　新しい薬が効いた、とかね。でも国際的には、最高指導者の健康状態というのは隠されるものので。

——トップシークレットでしょう？

青木　まぁそうですけど、民主主義社会において、辞める以上は辞める理由、病状はどうで体調はこうなので、これ以上職務を全うできない、などの情報を出させなくちゃいけない。ここを詰めなかったので、妙な「逃げ切り」を許しちゃった。逃げるタイミングの「嗅覚の鋭さ」という意味では「アベはすごいな」と。だってその後スガになって……。

――ババ引いてますよね（笑）

青木　全部後始末でしょ（笑）。ＰＣＲ検査はできていない、モリカケ桜は追及される、河井案里は有罪。まぁ彼も官房長官として。

――共犯なんですけどね。

青木　そうそう。例えるなら、潰れそうになっているお店で、マネージャーしてた人に店長がいきなり「俺、辞めるから」と。

――お前、やれって言われてね。

青木　もう沈みそうなんですけど（笑）

――アベは逃げ足の天才でもあり、ウソつく天才でもあるということですね。

青木　桜を見る会では１１８回も国会でウソを。僕、どっかで書いたのですが岸井成格さん、「毎日新聞」の編集委員だった人が……。

――ＴＢＳ「ＮＥＷＳ23」のＭＣをやってた人ですね。

青木　もうお亡くなりになってますが、「毎日新聞」の政治記者で、最後は主筆まで務められました。彼は安倍晋太郎さん、つまりお父さんの番記者をやってたんです。

――安倍晋太郎という政治家は、将来の首相だと言われながら、道半ばで亡くなってしまったんでしたね。

青木　直前に「中曽根裁定」で、竹下登が首相になった。この直後からガンで体調を崩され、お亡くなりに。この安倍晋太郎番の記者だった岸井さんが、安倍晋三君ですね、秘書をしていた息子さんのことを紹介されたときに、「これが息子だ」と。

――息子のシンゾーだ、と。

青木　こいつはどうしようもないヤツなんだけど、言い訳をさせたら天才だから（笑）と。

――お父さん、よく見てますね（笑）

青木　言い訳の天才とウソをつく天才って、ちょっと違うかもしれないけど、まぁ国会で118回もウソついて。

――あれ、桜だけで118回ですよ。モリカケ入れたら何回ウソついたって話ですよ。

青木　そういう意味ではロクでもない人だったけれど、うそつきで逃げ足速い、大したもんですよ。

――それ、「大したもの」と評価すべきなのか（笑）。でも言われてみると、絶妙のタイミングでしたね。

青木　あの後ちょっと引っ張って、第3波が来て、今のような状況で辞めたら「無責任だ」と言われただろうし、あれより前で辞めてれば「憲政史上最長」という称号はもらえなかった。あれしかなかったんですよ、素晴らしい（笑）

メディア自体も国民から監視されるようになった

――それでスガになったのですが、ASEANをアルゼンチン、福岡を静岡と間違えるし（笑）、国民皆保険をなくすようなことを言ったりする。そのたびに側近たちが火消しに回っているのですが、ここまでポンコツだと思ってましたか？

青木　思ってませんでした。アベ政権の下で7年8カ月も官房長官だった。官房長官というのは政府のスポークスパーソン。つまり広報官ですよね。

――毎日、記者会見しますからね。

青木　午前、午後に会見をします。で、ちょっと詰められると「ご指摘は当たらない」「全く問題がない」とか言ってたから、決して真摯に対応したわけではない。ただ、毎日の会見をこなしてね、何となく「豪腕」のイメージがついて、どこのメディアが最初に書いたか忘れましたが、「鉄壁のガースー」とか言われてたんです。だけど全然「鉄壁」じゃなかった。

――漏れ漏れ、ですよ。

青木　ということは、これ、メディアの責任ですよ。いわゆる「政治ジャーナリズム」の責任が問われます。結果的に見たら、こんなにポンコツなわけです。国会とか記者会見とかテレビ出演の時に、ちょっと詰められると、たくさんボロが出てきちゃう。ちょっとした言い間違いとか、言語能力というか発信能力が多少、劣っていたとしても……。

――漢字を間違えるとかね。

青木　前の首相みたいにウソばっかりつく、ということではなく、言葉は朴訥としているけど意味があるとか、本当に強い信念があるとかの政治家ならいいと思います。でもスガの場合はどうも違う。根本的にポンコツ。7年8カ月もポンコツなのにポンコツがバレてなかった。むしろ「鉄壁」と評価されていた。

——メディアの側に問題があった。

青木　そう捉えないといけない。官房長官時代に、例の望月衣塑子さんがいろいろとチャレンジされてましたけど。

——結局、望月さんを当てなくなりましたからね。

青木　そう。官房長官番の記者たち、あるいは会見に参加を許されていた新聞記者たちは、あのポンコツぶりに気づいていなかったのか。気づいてなかったとすれば、言葉は悪いが、記者として「無能」です。ポンコツ性に気づいていて、それを伝えなかったとすれば、記者としての「不作為」。逆に言えば、官房長官記者会見できちんと詰めるような体制をメディア側が取れていれば……。

——7年8カ月も続いていなかったでしょう。

青木　ポンコツ性が可視化されて、スガという官房長官、そしてアベ政権も、もっと早く淘汰されたかもしれない。あるいは記者との丁々発止の言葉のやり取りの中で、政治家の言葉も鍛えられていったかもしれない。

——そうですね。本来なら記者も鍛えられるし、政治家も。そういう記者会見であるべきですよね。

青木　明らかに、そんな記者会見ではなかったから。

——だって、一緒にパンケーキ食べて（笑）、オフレコばかり。

青木　つまり「鉄壁のガースー」はある意味、誤報です。これを振りまいてしまった。政治ジャーナリズムの責任ですよ。あえて政治記者を擁護すると、例えば番記者たちにすれば、記者会見なんてオマケなんですよ。官房長官には政局から、政府中枢の情報、人事の情報まで集まってくる。この情報をいち早く取るというのが政治記者の仕事なんです。

――いかに接近するか、仲良くなるかが仕事なんでしょ？

青木 そうなっちゃうんです。せめて何かあった時に電話してすぐに確認が取れるような人間関係を維持しておく、というのが番記者たちの使命なんですよ。僕は番記者だった人に聞いたことがあるのですが、朝から自宅に行くわけです。家を出るところからずっと一緒。そうなれば記者会見で何を言うか、何を言えないのか、官房長官は何を知っているのか、ある程度、番記者はわかってる。こうなると定例の記者会見なんて、いわばヤラセみたいなものになってくる。政府の公式会見を、一応官房長官の口から言わせて、テレビ的には「それが絵として使える」。体裁を繕うための、ある種の儀式みたいになっちゃってる。

――でもそれでは記者の後ろにいる国民や視聴者、読者の「知る権利」に応えてませんよね。

青木 それが政治記者に限った話ではなく、僕らがいた大手メディアの悪習でね、戦後ずっとこうしてきたんですよ。昨今はこのラジオもそうですが、ネットなどでメディア自体も監視されるようになってます。だからこそ取材の有り様を変えて、記者会見を真剣勝負の場に変えないといけない。最近よく知られるようになってきましたが、首相や官房長官の会見で「更問い」ができないでしょ。

――質問は一回きり、さらには問えない。

青木 こんなこともメディア側が団結して、ちゃんと答えさせる、という形に変えないとダメ。メディアへの信頼を失っていきます。今になって「スガはポンコツだ」と言うけれど、「お前ら、前から知ってただろ？」（笑）ということ。

――連日、記者会見をやってたわけですからね。

青木　スガの発信能力、言語能力に対する批判は、ブーメランとしてメディアに返ってくるんですよ。

――その土壌を生んだのは何か。例えばトランプとCNNはガチンコでやり取りする。トランプは「フェイクだ、フェイクだ」と騒いでましたが。日本でこのガチンコ性がないのは、やはり記者クラブ制度の問題が大きいのでは？

青木　うーん、記者クラブの問題も大きいでしょうね。僕はクラブにいた側の人間です。なので全面否定をする、というのはなかなか難しい。例えば、官邸であれば官邸に。警察なら警察に。

――それぞれ記者クラブがある。

青木　そんな政府機能、権力の直近にメディアの拠点がある、というのは決して全否定するものではないと思っています。しかしある種の閉鎖性ですね、フリーランスが入ってはいけない、などの。

――幹事社が決まっていて、「あなたは入れません」と言われるのが、だいたい今までのパターンでしたから。

青木　閉鎖性も問題ですが、内部的な問題をあげると、さっきも言ったように官房長官に張り付いて、いかにネタをとるか、が仕事になってしまう。

――いかに特ダネを取るか、逆に「特オチ」をしないかの競争になりますね。

青木　例えば警察の記者クラブの担当者たち、捜査一課担当、二課担当とか、僕は公安担当だったけれど、いかに公安警察に食い込んでネタを取ってくるかが勝負。その過程で警察の不祥事を取材して記事にした人もいましたが、でもそんな事例はほんの一部で、全体としては自分が所属するクラブの役所、政治家に食い込むことに汲々としてしまう。今回の官房長官時代のスガと番記者のようなぬるい関係が日本全国あちこちにあるわけです。

——だって黒川弘務さんと賭けマージャンしてましたからね（笑）、「産経」と「朝日」が。

青木　これジャーナリストの大谷昭宏さんも言ってたけど、すごいですよ。あの記者たち。東京高検の検事長と言えば、検察のナンバー2ですからね。

——それも官房長、事務次官までやってきた人。

青木　検察ナンバー2と、緊急事態宣言が出ているときに（笑）、マージャンができる人間関係を構築していたわけです。

——記者の、自宅マンションでね（笑）

青木　従来型の記者クラブ制度の中では、とてつもなく優秀な記者（笑）、ということになります。みんな批判しましたよね、黒川さんというあれだけ焦点になっている人物の本音を、なんで書かなかったんだ、と。しかし従来型の記者クラブ制度にどっぷり浸かっている人間からすれば、そんなことを書いて黒川さんが失脚したら、あるいは黒川さんが怒ったら、困るわけですよ（笑）

——そうか「死なばもろとも」なんや。

青木　このまま順調にいけば、検事総長になるわけでしょ。検事総長は、特捜部の事件や他の重要事件の処理に関して、全部の情報が集まるわけです。「なんで黒川さんをつぶさないといけないのか」っていう論理になっちゃうんですよ。

――これは日本だけでしょ？　私は外国で何度か記者会見に出席したことがありますが、普通に入れて質問できるし、寿司など食べてませんよ、みんな。

青木　もちろんそうです。寿司って、イヤな単語が出てきましたね（笑）

――スシ（ロー）については後半で聞きます（笑）

青木　ジャーナリズムのある種、二律背反性のようなもの、ですよね。

――それは分かります。食い込まないと、いいネタが取れない。しかし食い込みすぎると逆に書けなくなっていく、ミイラ取りがミイラに。

青木　いろんな意見があります。これだけインターネットが発達していろんな情報がオープンに取れるようになってきた。加えて日本は不十分ですが、情報公開制度もある。

――みんな「のり弁」ですけどね。

青木　そう。だけど懐に飛び込むような「抱きつきジャーナリズム」ではなくて、公的な手段を使ったジャーナリズム、調査報道をやるべきだという人もいる。一方で、やはり懐に飛び込んでいかないとネタが取れないということも事実。アメリカでも今は有名になったけれど、ウォーターゲート事件。あのネタ元はFBIです。

――映画「ペンタゴン・ペーパーズ」が詳しく再現していた。ベトナム戦争のトンキン湾事件も同じような構図でしたね。

青木　そうそう。最近の日本でいえば大阪地検特捜部のフロッピー改ざん事件。あれは「朝日新聞」

の凄腕の記者が書いたんです。あのネタを取ろうと思えば、検察内部からの情報ですから、やはり懐に飛び込まないといけない。しかし飛び込みすぎてズブズブになってもいけない。この点については世界共通の、メディアの難しい部分だと思います。権力との距離をどう取るか。アメリカでは飯なんか食ってませんからね。

——確か、コーヒーまでは一緒に飲んでもOKだが、ビールはダメ。まして寿司なんか（笑）

青木　そこが日本の甘さ。記者クラブ制度の弊害が出てきてる。この「甘さ」は昔からあったんだけど、インターネットでメデイア自体が監視されるようになってからは特に指摘されるようになった。

——望月衣塑子さんがあれだけ有名になったのは、官房長官の記者会見の様子がユーチューブで流れたから。それまでは実態がわからなかった。

青木　そうです。記者会見での言葉遣いとか所作などを含めて、監視されるようになってきたことで、これまでの問題が可視化された。

——バレちゃった。

青木　バレた上にネットの発達でテレビや新聞、特に新聞が経営的に苦しくなってきたんですよ。

——それ、大きいですよね。

青木　貧すれば鈍する（苦笑）

——創価学会のCM、増えてますよ（笑）

青木　メディアはピンチです。政権からは圧力をかけられ、かと言ってみんなが応援してくれるかというと応援してくれない。経営的には、特に紙媒体が売れなくなってくる。

与党の上げ潮要因が全くない

――新聞の部数、かなり減りましたね。その上に「マスゴミ」などと言われて。

青木　ここでメディアが踏ん張らないといけない、と感じています。

――スガの話に戻しますと、官房長官時代、記者会見を乗り切った成功体験があるのか、わずか10日間の臨時国会で「答弁を控える」「答える立場にない」などの答弁拒否がなんと111回！　スガは首相でしょ、国会で記者会見と同じようなことをしたら、国民の知る権利が損なわれてしまう。

青木　そうなんですか111回も。スガさんって、持つんですかね？（笑）

――あちこちで「二階がいつ見限るか？　それがXデーだ」と。今年は必ず総選挙があるのですが、どう見てますか？　それと解散にオリンピックが絡んでいるという見方も。でも、オリンピックはできないでしょ？

青木　先日、東京都医師会の尾崎治夫さんにお話を聞く機会があったんです。オリンピックは東京都が開催しますからね。尾崎さんは「無観客だったら、なんとか開催できるかもしれない」と。しかし無観客でも選手が1万数千人だったかな、大量に入ってくるわけですね。そうなると当然入国の際に検査をする。しかも滞在中は2日か3日おきくらいの検査になる。東京都の検査能力はいま、1日に1万数千件くらいしかないでしょ。そうすると都民と合わせて、検査体制を整えられるの？という問題が出てくる。

――選手だけでオーバーする。

青木　無観客でやるにしても入場料収入をどうするのか。

――確か900億円くらいでしたね。

青木　全部払い戻さないといけない。どこが負担する、という話になる。あるいは無観客になれば、放映権を持ってるアメリカのNBCでしたっけ？　ここの値段交渉もこじれるかもしれない。そもそも選手がくるんですか、と。

――世界各国でちらほら、辞退する、という選手も出てきてます。

青木　みんな言い始めてますけど、「最後は国体みたいになるんじゃないか」（笑）と。日本の金メダル、史上最多（苦笑）って。

――オリンピックやったら医療班がつかないとダメ。そうなると通常の病院が持たないという話もありますね。

青木　あの医療班だって、最初ボランティアでやらそうとしたんですよ。

――夏なので40度くらいになる。みんな熱中症でバタバタ倒れていきますよ。

青木　だから冷静に考えると開催は無理。そうなると9月までにある総選挙。与党の上げ潮要因が全く出てこない。それとワクチンの接種が、混乱するでしょうけど、始まってくる。5月から一般向けに始まると言ってますが、河野太郎は「フェイクだ、フェイクだ」と騒いでる（苦笑）

――政権内部で、もめてましたね。

青木　フェイクじゃなくて、お前らが混乱してるだけなんだろうって。河野太郎あたりはズルいなと感じます。NHKが5月と言えば「うわぁー。NHK、勝手にスケジュール作らないでくれ」とSNSで「デタラメだ」とか書いてるんですが、あれ、NHKだけとか、共同通信だけとかなら、ひょっとしたら誤報かもしれないけれど、NHKも共同通信も、みんな書いてるんですよ。

――つまり根拠があって報道してるんですね。

青木　あれ、厚労省が言ってるんですよ。

――自分が知らなかっただけ？

青木　自分が知らないのか、自分の思い通りに行かなくて焦っているのか。

――じゃぁ河野太郎のツイートこそ、フェイクじゃないですか。トランプと同じ。

青木　でも、メディアに責任を転嫁する。

――橋下徹もそうですよ。

青木　イソジン吉村も（笑）

――よく似てる、みんな。

青木　大阪はあれでしょ、みんな街でイソジン飲みながら歩いてるらしい（笑）

――フェイクで返してきましたね（笑）

青木　「イソジンでうがいすれば、コロナはウソのように消える」（笑）んでしょ。

――またまた（笑）。確かに店からはイソジンが消えましたけどね。

テレビとジャーナリズム

普通に聞けば「行き過ぎ」のコメンテーター

――対談の後半は、ズバリ「テレビの裏側」についてお聞きしたいと思います。青木さんはテレビ朝日の「モーニングショー」にコメンテーターとして出演されてますよね。あの番組によく出てるスシローさん（笑）、いや間違えた、田崎史郎さんについて伺います。あそこまで政権を擁護される方との議論は大変なんじゃないですか？

青木　大変？　うーん、難しいな。この対談の冒頭でも言いましたが、僕は政治記者ってのは基本的にクソだと思ってますが（苦笑）、一部には懐に飛び込んで、かつ一定の距離を取るというジャーナリズムの矜持を守ってる人もいます。田崎さんについては、あえて言うならば、あの人は「確信犯」だと僕は思っています。

――「アベ、スガをなんとしても守るんだ」という強い決意がある、ということですか？

青木　いや、そうではありません。例えばアベ政権下で、アベさんの代弁者になったような人たちって、田崎さん以外にもいましたよね。

――はい、何人も。

青木　某「国営放送」の女性記者とか。

――某、岩田（明子）さんとかね（笑）

青木　某、赤坂のテレビ局の……。

――準強姦事件を起こされた方で、成田空港で捕まり損ねた方（笑）ですね。

青木　他にも某大手町のＳＫ新聞社とかね（笑）。僕には、彼らが何の考えもなく信奉しちゃってるように見える。ネタをくれるから。そんな感じしませんか？　そう思わざるを得ないようなおもねりぶりじゃないですか。

――自分の出世を考えて、ヨイショしたはるのかな、と思います。

青木　確かに社内での出世は考えているでしょうね。これらの人たちに比べて、「田崎さんは確信犯だ」と言ったのは、実は一度ラジオ番組か何かで田崎さんと話をしたことがあるんです。その時に僕が、彼の政権ヨイショ発言を批判したら、概ねこんな趣旨の「反論」をしてきたんです。「僕は政治記者だ。政治記者である以上、時の政権に食い込んで『その内部で何が起きているのか』を知らせるのが僕の仕事だ」。こう述べたうえで「僕の取材内容を見て、聞いて、人々がどう判断するかは自由だ」とおっしゃった。だから「メディアとジャーナリズムはどうあるべきか」について、彼なりに認識をしたうえで、あのような振る舞いをしているんだなと僕は受け止めた。だから「確信犯」で「やっかいな人」なんですよ。でも、彼の発言を虚心坦懐に聞く必要はないし、普通に聞いていれば「行き過ぎ」ですよね。テレビで共演している時に「この人、自分の生き様をここまで見せて、恥ずかしくないのかな」（苦笑）と思うこともありますよ。

――ある種の「打たれ強い人」やなと思います。生放送で簡単に論破されてもケロっとしてるし、「御用ジャーナリスト・ベスト10」に毎年、上位に食い込んでるし（笑）

青木　「御用ジャーナリスト・ベスト10」には入っていませんが、僕だって2019年末の「週刊文春が選ぶ嫌いなキャスター・コメンテーター」で、「好き部門」では10番目くらいだったのに、「嫌い部門」」では2番目でしたよ。1番が宮根誠司さんで、3番が立川志らくさん。僕は週に1回か2回しか出てないコメンテーターですよ。宮根さんも立川さんも毎日、帯で出ているMCです。その中で2

番目に食い込んだ。いかに嫌われてるか（苦笑）

——ネトウヨたちの集団投票があったのでは？

青木　もうそろそろテレビの世界から足を洗いたいな、と思っているんです。

——洗ったらダメです。青木さんは今や、数少ない「政権に物申す人」「真っ当なコメントを出す人」なので、ぜひ粘ってください。青木さんは同じく朝の番組でＴＢＳ「関口宏のサンデーモーニング」にも出演されています。あれは限られた時間、30秒とか1分とかで的確なコメントをしなくちゃならない。かなり神経を使うでしょ？　それとももう慣れましたか？

青木　慣れないですね。でも僕は元々通信社の記者だったので、ある意味テレビ的って言うか……。

——でも書くのが仕事でしょ？

青木　そうなんですが、通信社はつかんだ情報をすぐに出すのが仕事ですから。

——翌日の朝刊に間に合わせるためのスピード勝負ですね。

青木　日々、短くてもいいから情報を発信していく。もちろん書くのと、口で喋るのと発信の方法は違いますが、短い時間の中でパッとまとめる、ということは共通してます。ただ、僕が会社を辞めようと思ったのは、こういう仕事ではなく、じっくり取材をして……。

——調査報道とかね。

青木　それもあるけど、長いノンフィクションを書きたくて。だから会社を辞めてフリーランスになったんですよ。なので本業はじっくり腰を落ち着けて物を書くこと。テレビでの切った張ったには、向いていないんです。ただ、テレビの影響力を考えると……。

――今はネット社会だと言われますが、まだまだテレビの力は大きいですよ。

青木　それにテレビの中にも「サンデーモーニング」などは特にそうなんですが、気骨のあるスタッフ、ある種の志を持っている人たちがいます。そんな人たちに乞われて、「多少でも役に立てるのなら」と出演しているうちに、「嫌われ者ナンバー2」になっちゃった（苦笑）ということです。

9:10
検事総長
検察官
2020
国家公務員法
コロナ
広島
サンデーモーニングに出演中の青木さん

――いやいや、ネトウヨの集団投票ですって。だって教科書問題で「育鵬社の教科書を採用せよ」と集団投票するような人たちがいます。最近では愛知県知事のリコールでもアルバイトを雇った「代筆騒動」があった。汚い手を使ってるように思いますよ。

青木　そうですね。だから嫌われながらも、多少なりともお役に立てれば、と思っています。

――いや、かなり役に立ってます。

青木　でも30秒とか1分で、まとめて喋るのはいまだに慣れないし、難しいといえば難しい。

――カメラの横でカウント読む人がいますからね（笑）。「サンデーモーニング」で言えば、さらに厳しいのが黒板に書いて説明せなあかん時があるでしょ。漢字間違ったらどうしよう（笑）とか？

青木　事前に書いているから。本当は書きながらの説明がいいんだけど。

――私はパソコンに頼ってるので、読めても書けない漢字だらけ（笑）

青木　本当ですか？　西谷さん、そんな世代じゃないでしょ。

――いや、漢字はダメ。アホー太郎です、私（笑）

青木　僕は辛うじて。記者になって最初の何年かは原稿用紙に手書きの時代でしたから。メモもね、今みたいにパソコンでカチャカチャしてた時代ではなく、小さなメモ用紙に手書きの世代で。字はキレイじゃないですけど。

――あれ、緊張しません？　黄色のチョークで指し示しながら、まとめなあかんし。

青木　もしかすると、そこは鈍感なのでこなせているのかも。

世の中が右に移ったので、左に寄ったように見えただけ

――そこは長生きのコツなので（笑）、鈍感なままずっと続けてください。それで、話をアベスガ政権に戻しますが、メディアに対する圧力。これは凄まじいものがあったと聞いてます。テレビに出られなくなった人が何人もいる。

青木　僕も、間もなくそうなります（笑）。

――いやダメ、粘るんです（笑）。例えば、岸井成格さんだって、かなりやられたでしょう？　お亡くなりになる少し前に、個人攻撃されてましたよね。

青木　アベ親衛隊みたいな人たちがいてね。

――櫻井よしこ、百田尚樹とか。確か新聞広告で「見張ってるぞ」。大きな目のイラスト入りでね。

青木　そうそう、やられましたね。僕は直接聞かなかったけど、岸井さんは周囲の人たちの話によると、だいぶ参ってたみたいですね。

――だって、攻撃する方は団体で、岸井さんは1人ですもん。

青木　そう。これは不思議な現象なんだけど、なぜ岸井さんがあれだけ攻撃されないといけないのか。岸井さんは安倍晋太郎の番記者だったので、「こいつは言い訳の天才だ」と晋三についての父親の「評価」を生で聞いてるわけですよ。

――そうか、アベが籠池さんを許せなかったのと同じ。

青木　そう、裏切り者は許せない（笑）。かつて仲良くしてたのに、あっち側へ行っちゃったから。

――もともと左翼側にいた敵は、しゃーないな、と思っているけど。籠池さんは典型やね（笑）。

青木　なぜ向こうに行ったんだ、と怒るわけ。こっち（右翼側）にいたヤツが。

――でも岸井さんは右でも左でもない。真ん中にいた人。世の中が大きく右に移ったので、左に寄ったように見えただけ。

青木　そうですね。ただこれは関口宏さんが言ってたんですが、やはり岸井さん自身も現役の政治記者だった時、つまり日々政治家からネタを取っていた時と、その後に主筆になられてからの時代、あるいはテレビで活躍された時代では立ち位置が変わった、と。いや、少し違うかな。左右の立ち位置というより、政治家との距離感が違うようになった。

――俯瞰できるようになった。

青木　そういうことでしょうね。振り返ってみれば、岸井さんもそうだし、国谷裕子さんも、政権から真っ向から批判されるような人ではないですよ。常識的な人。

――国谷さんはNHKクローズアップ現代で長年キャスターを務められていました。集団的自衛権の問題で、スガが番組に出た時に、普通の質問をしただけですよね。

青木　というか「すべき質問」です。スガが出演しているのに、あの質問をしなかったらキャスター失格ですよ。

――戦争に巻き込まれたらどうなるのですか?とか、当然聞きますよね。

青木　不思議だなーって思うのはね、全体像で言えば、アベ政権の成立以降、世の中の軸が猛烈にズレましたよね。

――国会議員、特に閣僚はほぼ全員が日本会議に入っちゃった。

青木　もともと右の端っこにいて、変わったことを言ってる人たちだった。まぁいてもいいんですよ。いてもいいんだけど。

――多様性が大事(笑)ですからね。その代わり、左も真ん中もいるべきなのに。

青木　「変わった人たちだね」と言われてた人が、道の真ん中を堂々と歩くようになった。本当は真ん中にいたのに、ずいぶん左に来ちゃったな(笑)みたいになったのは、アベ政権の7年8カ月が大きかった。

――岸井さんは確か佐藤栄作が会見の時に「俺はテレビは信用するが新聞はキライだ、信用ならん」

と言ったら「じゃぁ、出てやろうじゃないか」と新聞記者を引き連れて出て行ったんですよね。

青木　これ、岸井さん本人にも言いましたが、岸井さん、国谷さん、古舘伊知郎さん、同時期に辞められましたね。あの時、多くの人がショックを受けた。しかし考えてみれば、古舘さんの前は久米宏さん、岸井さんの前は筑紫哲也さんですよ。筑紫・久米から岸井・古舘に移行した。これはある種、劣化した（笑）というか。筑紫・久米が夜のTBS・テレビ朝日のニュースの顔だった時代から考えると、やはりメディアがかなり迫力を失ってきていたんですよ。

――あの頃、沖縄の基地問題などは連日、正面から取り上げていましたよね。95年の少女暴行事件など。

青木　やってました。久米さんはラジオも辞められてね。僕は筑紫・久米時代のメディアを見ながら仕事をしてきたので、メディア全般の劣化を感じます。先ほどの話に戻るとね、政権からの圧力って、いつもありますよ。

――そうですよね、政権、権力側から見れば、報道番組は目障りで仕方がないものです。

青木　だから政権のあり様も問題なんですが、それと対峙するメディア側の問題ですよ。

――本来は社会の木鐸で、政権の首に鈴を付けに行くのが仕事ですから。

青木　さっきの田崎さん、なぜ彼がこんなに引っ張りだこになるのか。

――ずっと出てますね。

青木　あれは彼のハニーさ、キューティーさがあるのかもしれないけど（笑）、おそらくテレビ人が「あの人を置いておけば、政権の意向も伝えている」と。バランス取れていると。

――スシローが免罪符。

青木　でもテレビが、メディアがそんなバランスを取る必要なんてないわけですよ。その意味で田崎さんが重宝されていること自体が、メディアの情けなさを象徴しています。

――アメリカではFOXニュースはトランプをヨイショするし、逆にCNNはガチンコで勝負をかけて、引き摺り下ろそうとしている。バランスなんか取ってませんよね。

青木　日本でも「産経」とか「読売」はバランスなどとってませんよ（笑）

――でも日本にはアベさんを倒してやれ、というメディアはあまりありません。FOXニュースばかり（笑）

青木　どうでもいいことかも知れませんが、僕だってテレビは日本テレビ、NHKからは、ほぼ呼ばれない。

――出演するのは、テレビ朝日とTBSだけ。

青木　フジは緩いから（笑）たまにね。「ミヤネ屋」ってあるでしょ。昔出てたんです。あれは明確に上層部の意向でクビになりましたからね。

――へぇーそうなんですか。私はね、ミヤネ屋に二度ほど出たことがあります。後藤健二さんが拘束されている時に「イスラム国（IS）」とか、人質解放について連日報道されていた。この時は呼ばれない。問題が終息した後、「ジャーナリストは戦場にどんな機材を持って行くのか」（笑）というテーマで出演しました。肝心の「なぜ人質事件が起きたのか」「政府はどうするべきか」という時期には呼ばれなかった。

青木　それは西谷さんが政府批判するのが分かっていたからでしょ。

――当時、私は「アベが殺したようなもんだ」と抗議してましたからね。

青木　そういえば報道ステーションで「I am not ABE」と書いた古賀茂明さんも降ろされた。

――あの時、スガ本人がテレビ朝日に乗り込んできたとかいう話も。

青木　これ有名な話なんですが、スガ官房長官に近い人、さっきの警察の、空港で逮捕状を止めた人あたりからプロデューサーに電話がかかってきて。

――某、中村格さんという方からかな（笑）

青木　と、いうような話ですね。

――それで、古賀を切れ、と。「I am not ABE」が効きましたね。

青木　それもさっきの話と一緒、岸井さんと一緒です。僕のように最初から外部の人間だと、それほどでもないのですが。

――あっ、そうか。古賀さん、官僚だった。

青木　経産省の官僚だった。こいつだけは許さん、と。だから前川喜平さんも官僚でしょ。

――前川さんもやられた。出会い系で。

青木　だからね、「こっちにいたのに裏切りやがって」という怒り。これは左翼も右翼も一緒かもしれない。向こうにいる敵よりも。

――身内の、飼い犬に手を噛まれた時（笑）の方が腹がたつ。

青木　なんとなく、そんな感じするでしょ（笑）

緊張感が政治をまともなものにする

――ウソがまかり通るのがアベスガ政治でした。これを変えるために、青木さんは何が必要、何が決め手になると思いますか。

青木　やはりメディアの問題が大きい。それに加えて今の政治状況ですよ。アベ政権の支持率が長らく5割をキープしていて、高い、高い、と言われてきました。でも世論調査の内容をみると「他にいないから」でした。こんな理由で支持するということ自体も問題ですが、ずっと消極的支持だったわけです。アベ政治を積極的に支持しているのは多く見ても2割。あとの3割くらいは消極的支持。逆にアベもスガも嫌だ、という人も3～4割は常にいます。「アベ一強」と言われてきましたが、実はそんなに強くなかった。だからこそ、危機感が強くてメディアに圧力をかけて、おもねらない人々を排除してきたんですよ。その上で今の選挙が小選挙区制でしょ、結果が極端に出てしまう。僕は別に立憲民主党や共産党、その他の野党を支持しているわけではないけど、権力っていうものは緊張感がないと腐ってしまうんです。下手したら野党に政権を取られる、まずいことをすればバレた時に引きずり降ろされて責任を取らされる、という状況に持っていかないとダメ。

――韓国なんて、元大統領は塀の中ですからね。

青木　韓国まで行かなくても、あのような緊張感が政治をまともなものに修正させるんです。だから現状変革の決め手で言えば、陳腐な答えになるかもしれませんが「野党のみなさん、しっかりしてくださいよ」ということになりますね。

――そうです、21年秋までには必ず選挙がある。市民と野党が協力して、各小選挙区でスガ自民を追い込んでいく。それがスガ政治を終わらせる決め手になりますね。青木さん、今日はどうもありがとうございました。

青木　ありがとうございました。

（この対談は2021年1月28日に行われました）

恐怖政治を乗り越えて民主主義を取り戻す

前川　喜平（元文部科学事務次官）

人の自由を蔑ろにする体質

――今日のテーマは「スガーリンの恐怖政治を乗り越えて、民主主義を取り戻そう」です。まずお聞きしたいのは、日本学術会議の問題。６名の学者さんをスガが任命拒否したわけですね。この問題の本質は何でしょうか？

前川喜平　これはアベ政権から続いてる話です。アベスガ政権の、一つの本性が現れた事件ですね。

――今回、スガがたまたま任命拒否したというより、前からの流れの中で？

前川　はい。もともとアベ政権の屋台骨を支えてきたのはスガさんですから。スガさんが黒子から表に出てきたというだけのことで本質は変わっていません。アベスガ政権は、立憲主義をないがしろにしてきたのです。立憲主義が守るものは国民の自由です。つまりスガ政権の根本に「人の自由をないがしろにする体質」がある。それが学術会議の人事という形で具体的に現れた。もう一つは、この政権はずっと人事権を使って権力の維持、拡大を図ってきたわけですよ。

――よく「人事独裁政権」と言われてますね。

前川　官僚や独立行政法人の役員、審議会の委員などは、とっくの昔から、気に入らない者が排除され、政権のお気に入りが登用されてきました。このやり方が、ついに学術会議という極めて独立性の高い国家の機関にまで及んできた、ということです。こんなことを平気で出来るのは、学問の自由や立憲主義に対して、畏敬の念とか、尊重の念とかが、全くないから、だと思います。

――元々この学術会議というのは、「戦前・戦中に科学者が戦争に協力してしまった」という深い反省のもとに、政府から独立した機関として作られたものでしょ。

前川　そうです。例えば滝川事件や天皇機関説事件とか、学問の世界に政治が土足で入ってきて、気に入らない者を追放した。その上で日本の学術が戦争遂行のために動員された。例えば戦時中の東京大学の総長は、海軍の技術将校だった平賀譲でした。

――えっ、東大の学長は軍人だった？

前川　大学も戦争に動員されてしまったのですね。

――原爆を作るために科学者が動員されたんですよね。

前川　京都大学などで、原爆を作るチームが作られました。学術が完全に戦争遂行のために動員された時代があったのです。

――だから憲法に「学問の自由」が書き込まれたんですよね。

前川　憲法23条に「学問の自由はこれを保障する」と。これ、五七五になってて覚えやすいでしょ。「がくもんの、じゆうはこれを、ほしょうする」（笑）。わざわざこの条文が入れられたのは、戦前・戦中の学問が独立を失い、自由を奪われたからで、この時期の深い反省が込められているのです。

――歴代の自民党政権でさえも、さすがに学術会議については任命拒否できなかった。しかしアベスガ政権になって官僚や審議官については、すでに気に入らない者を排除してきた。前川さん自身も、同じような経験をされたんですよね。

私を次官にしたのが大失策（笑）

前川　そうですね、まず私を事務次官にしたのは、大失策でしたね（笑）。アベスガ政権の調査が足りなかった（笑）。私は２０１５年9月18日に、安保法制反対の、国会正門前のデモに行ったんですよ。

――えっ、あの時のデモに？

前川　1回しか行ってませんけどね。これ、気付かれてなかったので、翌年、事務次官になったんです。あれを内閣調査室（以下内調）が調べて、アベさんやスガさんに上げていれば、私が事務次官になることはなかったでしょう。

――杉田和博（官房副長官）さんの大失策ですね（笑）

前川　大失策ですよ（笑）。だからその後は、余計にチェックを厳しくしたのでしょう。例えば私の、次の次の文科事務次官は、大本命といわれていた人がはずされて退官し、それまで「次官レースから脱落した」と思われていた人、下にいた人が2階級特進して事務次官になったんです。今も事務次官をやってます。

――ということは、藤原誠さん？

前川　この人はね、60歳の定年が2年前の２０１８年3月に来てたんですが、定年延長してもらったんです。

――あら、どっかで聞いた話ですね（笑）

前川　そうでしょ。定年延長した挙句、半年後の10月に事務次官になった。だから今年、20年の3月で事務次官の定年も来てるんですよ。局長や官房長は60歳、事務次官は62歳なのでね。でもこの62歳の定年が来ているのに、また延長しているんですよ。

――また延長した！

前川　今年の7月にも次官、局長級の幹部人事があって、ナンバー2のポストにいた2人が辞めているんだけれども、この人はまだ残っているんです。

――ナンバー2は辞めたのに、トップはまだ残っている！

前川　そう。いかに官邸から気に入られているか、ってことです。

――文科省にも「黒川さん」がいるんですね。

前川　そう（笑）。事務次官人事がこの状態なので、各府・省とも幹部官僚は官邸のいいなりになる人間しか残っていないんです。

――よっぽど前川さんを事務次官にしたのが失敗やと（笑）反省して、対策を強めたんやな。

前川　私は失敗作（笑）。あと、審議会。この審議会も政権に近い人間ばかりで構成している。

――コロナでも、「PCR検査をしなくていい」とか、原発事故の時も、「まだメルトダウンしていない」とか、おかしなことばかり言いましたね。

前川　政権にとって耳の痛いことを言う人は、元々入れないんですよ。

——そんな感じがしてました。

前川　文部科学省でも中央教育審議会がありますが、アベ政権になって最初の入れ替えの時に、なんと櫻井よしこ様が入りましたからね。

——えっ。あの櫻井さんが、中教審の委員に?

前川　入ってましたよ。

——知らなかった。勉強不足でした。

前川　それで「道徳の教科化」をやったんですよ。

——道徳の教科書では「パン屋はダメ。和菓子屋にしろ」と。

前川　「日本文化を大事にしろ」という注文がついた。

——全国のパン屋さんを敵にまわした(笑)と言われてる。

前川　そうですよ。日本が生んだ、アンパンという文化を(笑)どうしてくれるんだとね。

——櫻井さんが委員になってたんですから、それくらいやりそう。

前川　そうやって気に入った人を登用する。中央教育審議会だけじゃないですよ、今、官邸に「教育再生実行会議」というのがあります。これは中央教育審議会よりも格が上っていうことになってます。

——教育再生という名前自体が、うさん臭いじゃないですか。

前川　再生という言葉は「昔生きていて、今は死んでる。だから生き返らせよう」ということ。

——教育勅語ですね。

前川　そうですよ。教育勅語を生き返らせたいと思ってるような人たちが、この動きを進めているわけでね。

――これが森友学園の問題につながってくるわけですね。

前川　幼稚園児に暗唱させてたでしょう？

――「素晴らしい幼稚園だ」と、アッキーが泣いてましたからね（笑）

前川　そうそう、あれがいいと思ってる人がいるわけです。あれを日本中に広めちゃえ、という人たち。教育再生実行会議は２０１３年１月にできたので、もう８年になるかな。

審議会や諮問機関はお友だちばかり

――アベ政権肝いりじゃないですか、アベになってからすぐに。

前川　そうです。だからこの会議の委員なんて、アベさんと当時の文科大臣だった下村博文さんのお友達ばっかりですよ。

――出た、下村博文。加計学園からお金、もらってましたね。

前川　いまだにご説明がないですけどね（笑）。審議会とか諮問機関は今やお友達ばっかり。だから気に入らない者を排除するというより、「気に入った者だけで」やっている。

――もう、「オール日本会議」みたいな感じですね。

前川　私が関わったケースでは、２０１６年８月ですが、文化功労者と文化勲章受章者を選ぶ審議会の問題がありました。これは文化審議会の「文化功労者選考分科会」っていうんですが。

——いわゆる、11月3日の文化勲章を誰に与えるか、という選考会ですね。

前川　そうです。この審議会の委員は、閣議の了解をもらうという手続きが必要なので、文部科学大臣の了解をもらった上で、事務次官だった私がその名簿を官邸に持って行きまして……。

——名簿登載者は10名程度でしたか?

前川　そう、10名でした。その名簿を持って行って杉田官房副長官に渡したんです。

——またまた出ました!　杉田和博さん。

前川　杉田さんは「いったん預かる」と言ってね、私は2、3日すればOKの返事が来ると思っていました。

——通常はそうなんでしょ。文部科学大臣の目を通っているから、杉田さんは了承するだけですよね。

前川　そうです。文部科学省でちゃんと選んだわけですからね。どういう人を選んでるかというと、文化と学術の分野で学識経験のある人。誰に文化功労者のタイトルを差し上げるか、要するに目利きの人ですよね。それぞれの分野に通じている人。この意味で選んでいるわけで、この人たちの政治的見解なんて関係ないわけです。これまでもリストを持って行って拒否されたことなどなかったんですから。

——今まではなかった。

前川　この時に2人、差し替えを命じられたわけですよ。1週間後くらいに呼び出されて、行ってみると「この人とこの人は落とせ、代わりの者に差し替えろ」と。1人は学術分野、もう1人は文化の分野でした。特に学術分野の方は、「安保法制に反対する学者の会」の方。

――やっぱり。今回の学術会議と全く同じ。

前川　もう1人の文化分野の方は、女性でしたが、この人は週刊誌か何かでちょっとだけアベ政権の批判的な発言をしていた

――たったそれだけで？

前川　そんなもんです。けしからんから差し替えろ、こんな人物を入れちゃいかんと。「官邸に持って来る前に、ちゃんと文部科学省でチェックしろ」とか言われてね（笑）。あぁ、すいません（笑）と。まぁ官邸から言われたらしょうがないですから、もう一度選び直して、大臣の許可を得ましたが。

――官邸ってそんなに大きな権力を持っているんですか？

前川　持ってますね。閣議にかけるものだから、官房長官がウンと言わなければダメだというのは、そうなんです。だから杉田副長官の一存でできるものではない。

安倍は菅のおかげ、菅は杉田のおかげ

――当時の長官は？

前川　スガですね。

――スガーリンですね、ずっと。

前川　スガーリンって、うまいネーミングですね（笑）

――いえ、「日刊ゲンダイ」からパクっただけです（笑）

前川　大臣の了解を取ったものをひっくり返すんですから。これは官房副長官ではできません。必ず官房長官に上げてから返事が来てるんです。だからこの時の経験からいくと、今回の6名も間違いなく「政権批判をした」ことが理由だと思います。

――6名とも共謀罪とか安保法制に反対してるってことは、メディアが大きく取り上げてくれたので、多くの人が知ってます。前川さんはツイッターで「多分、こんな経過ではなかったか」と推測されてますよね。

前川　通常の役所の手続きに照らすとね、学術会議の新しい会員の推薦リストは学術会議自身が選考するわけです。

――105名のリスト。210人を2年に1回ずつ変えていく？

前川　3年に1回。任期が6年で参議院議員と同じ方式です。それで105人のリストは学術会議がしっかりと選考会議を開いて決めている。で、学術会議の事務局が内閣府の担当に持っていったんだと思います。

――形の上では内閣府が承認するから。

前川　なので、まずはスガ官房長官のところへ持って行くわけですが、その前に杉田副長官のところへ持って行ったと思われます。

――なるほど、杉田さんへ。

前川　それで杉田副長官が「ちょっと待ってろ。追って沙汰をする」と。その後、杉田さんが何をしたのか？　105人の身体検査をしたと思われます。

──それは内閣調査室、内調を使って？

前川　内調は公安警察と連絡を取っていた可能性が高いと思います。内調だけでは十分な調査が難しいでしょう。結果は内調が取りまとめて杉田さんに戻したと思われます。そして杉田さんがこの6名をピックアップした。「安保法制に反対する学者の会」に属しているということだけなら、他にもおられたかもしれない。何か理由があって、この6名が「一番けしからん、危険なヤツらだ」と考えたんでしょう。その上で、スガ総理に報告をした。

──スガーリンに進言した。

前川　スギターリンがね（笑）。おそらく官房長官である加藤勝信さんと総理であるスガさんには6名の名簿は見せてると思いますよ。

──6名は見せてる。

前川　残りの99名は見せてないかもしれない（笑）

──スガーリンが追及されて「私は名簿は見てません」と答えましたが、あれはウソではなくて。

前川　105名は見てないかも。しかし6名は見ている。そして6名の一人ひとりをチェックしたというより、杉田さんにそれは任せて、任命拒否だけをスガさんが。「杉田がそう言うのなら、そうだろう」と。

──だって信頼関係があるんでしょ。

前川　非常に強い信頼関係で結ばれている。

――アベ政権の7年8カ月、ずっとスガに仕えてきた警察庁出身の、内調を支配している人ですからね。

前川　言ってみればね、7年8カ月のアベ政権がなぜこれだけ続いたのか？　それはスガさんのおかげ。スガさんはなぜアベさんを支えられたかと言うと、それは杉田さんのおかげ。

――そういう構図だったんですね。

前川　杉田さんが霞ヶ関をガチッと固めて、支配してきたから。

――いろんな情報を掴んでいるんでしょ？　その人のスキャンダルから何からね。

前川　おそらくまぁ、私のことも（笑）

「だって選挙で勝ってるから」

――その話は後でじっくりとお聞きします（笑）。官僚のみなさんの上にスガーリンとスギターリンの恐怖人事が乗っかっていた。

前川　正確にはアメとムチ。私はアメもあったと思っています。気に入った人間はずっと登用する。2回も勤務延長したりするわけですから（笑）

――記者だってパンケーキ食べさせて（笑）、囲い込みますからね。

前川　飼いならされている。整理しますと、杉田さんがスガさんの了解を得て「6名をはずして、99名で作成しろ」と内閣府に指示したんでしょう。だから公式の決裁文書は99名で作られた。しかし役人は、必要な情報はその裏にくっつけるのが習性ですから、105名の名簿も付けておいた。ただ決裁文書にスガという印鑑を押すときに、105名の名簿を見なかった、ということはあり得ますね。

——最初「総合的俯瞰的に決めた」と言ってたのに、その後「名簿は見ていない」と言い出した。素人から見たら「何をいうてるの、この人」と思うけど、いまの分析を聞いてると、「本当に見てなかった」のかも。

前川　見てなかった可能性が高いですね。

——でも「総合的俯瞰的に判断」した。それは総合的俯瞰的にスギターリンを信頼してるから（笑）

前川　学術会議の重みを分かっていないんだと思いますよ。スガさんも杉田さんも。「105人をそのまま任命するというのが当然なんだ」という認識がない。

——天皇が内閣総理大臣を任命するじゃないですか。あれと一緒なんでしょ？

前川　そうです、同じです。同じ言葉が使われています。法律用語で「基づいて」と。これは拘束力が強い言葉なんです。憲法6条の「内閣総理大臣の任命」は、国会の指名に基づいて天皇が総理大臣を任命するわけです。

——ここで拒否なんてしませんよね。

前川　天皇に任命権はありますよ。でも「スガくんは気に入らないから、ヤダ」って言えないでしょ？

——言うてほしいけどね（笑）

前川　志位さんにしろ（笑）とか恣意的な（笑）ことは言えないんですよ。日本学術会議法にも「推薦に基づいて内閣総理大臣が任命する」と書いてある。この「基づいて」というのは、言い換えれば

「推薦された通りに」ということ。

——だから歴史上、今まではその通りに任命してたんですよね

前川　しかもこの法律を改正した時、1983年の中曽根総理の答弁だってあるわけだから、はっきりと確立された解釈であって、内閣総理大臣が総合的俯瞰的に拒否できるなんて解釈はあり得ないんです。

——これ、集団的自衛権の時と似てません？

前川　似てます、似てます。

——（集団的自衛権は）持たないと決めていたのに閣議決定だけで変更した。

前川　立憲主義や法治主義の原則を簡単に踏みにじってしまう。

——憲法が権力者を縛って、国民の自由を守るということなのに、それが逆になっているような。上から国民を縛ってやれ、という感じ。

前川　要するに「権力を持っている我々の方が正しい」と。その理屈は「だって選挙で勝ってるからね」です。

——それ、よく言うんですよ。橋下徹という人も。

前川　よく言ってますね。橋下さんもスガさんも。

——あの2人、仲がいいですよ。

前川　彼らが信奉しているのは、数は力、数は正義。だから数を得たものが正義を握っていると。でも立憲主義はそうじゃない。いろんな異論があっていいんだと。

――多様性が大事ですものね。

前川　少数意見を大事にしなくちゃいけない。少数意見を表現したり、学問や芸術の中で追及したり、市民運動として声を上げたり。このような自由は100％保障しなくちゃいけない。政権を握っている者に対して、逆らってるからと、弾圧したらダメなんです。これが立憲主義であって、多数者がすべての権力や正義まで独占するというのは立憲主義ではない。

――ヒトラーになりますね。

前川　ヒトラーやスターリンになっちゃいます。

「国の金を入れたのだから従え」と

――今、橋下徹の名前が出てきました。彼は「日本学術会議に10億円の税金が入ってる。だから文句を言うな」と騒いでました。そんなこと言うのなら、自民党には政党助成金という税金が年間173億円も入っている（笑）。前川さんは「アベノマスクには500億円入ってる」（笑）と指摘されてました。こっちの方が問題ですよね？

前川　そうですよ。国家予算の中での10億円って、ホントに少ない金額です。この10億円があるから行革の対象だと言うのなら、その前に検証すべきことがたくさんあるだろうという話です。

――米国のF35戦闘機に6兆円も使うなよ、と思います。

前川　行政改革は大事なものから先にやるべき。行革の観点から、この10億円に焦点を当てるのは、おかしいでしょ。そういう行政こそ、改革しなきゃいけないでしょ、ということです。

――まず「思いやり予算」を削ってほしい。

前川　あちこちに改革すべきところがある。それを放ったらかしにして、学術会議だけをやる。明らかに優先順位を間違ってますよ。

――橋下だけではなく甘利明元労働大臣、フジテレビの平井文夫など、この間、ウソを平気で言ってませんか？

前川　平気でデマを垂れ流してますよね。平井さんは「日本学術会議の会員が6年勤めると、そのまま日本学士院の会員になって、年間250万円の終身年金がもらえる」と言いました。これ、どこが間違ってるかというと、学術会議の会員がそのまま学士院の会員になる、という点が完全に間違ってる。

――全く別の組織なんですか？

前川　学術会議は内閣府の下に、学士院は文部科学省の下におかれていて、学士院は顕彰機関、つまり立派な学者さん、文化勲章をもらえるかもらえないかというような立派な学者さんたちを誉めたたえようという組織です。だから年金がもらえるんです。一方、日本学術会議は科学の世界の人たちが集まって、政治や経済、国民生活に関することに提言していくという科学者の集まりです。だから学術会議の委員がそのまま学士院の会員になるっていうのは全くのウソなんです。

――やはりウソだった。

前川　学術会議の会員さんたちは、食うや食わずで、一所懸命仕事をしているのです。

――ということは、このフジテレビの平井文夫は、公共の電波を使って、平気でウソをついたことになりますね。

前川　事実に反することを平気で言ってしまった。後で訂正しているみたいですけどね。それから甘利さんもとんでもないことを言っている。「学術会議が中国の千人計画に、積極的に協力している」と、全く根拠のないことをおっしゃってます。

——ブログで訂正されたみたいですけどね。

前川　「間接的に協力しているように映ります」（笑）と表現を変えました。よく、こんな根拠のないことを平気で書くなーと思います。これも誹謗中傷の類ですよ。

——自分は「議員会館で業者から50万円もらった」という話は全然説明しないのに（笑）

前川　そうそう、あっちの方はどうなってんだ（笑）と思いますが。

——誹謗中傷の類を、自民党のトップにいる人がしてしまう。

前川　そうですね。

——この立場の人が軽々しくデマを言えば、影響力は大きい。

前川　スガさんだって「学術会議の新しい会員は、前任の会員が指名して決めている」と言いました。

——えっ、これもデマ？

前川　事実ではない。学術会議の中に選考会議を設けて、全員が2人ずつ推薦できるわけです。その中から議論して決めていくのです。前任者が後任者を決めるってことにはなっていない。

——橋下も「アメリカやイギリスの同様組織には税金が入ってない」と言いましたが。

前川　入ってましたね（笑）。みんなで論点ずらしをしているのです。国民の目をそらそうとしている。今の政権の本性が現れていると思います。要するに学術会議は、彼らにとっては、なくていい。

――目の上のたんこぶ。だって、「科学者は軍事研究には反対する」と声明を出しましたからね。

前川　政府から見たら余計なことしかしない。要らない組織だと。できることなら日本学術会議法という法律そのものを廃止したい。その本音の部分が今、出てきちゃってる。

――人事で押さえつけた成功体験がスガーリンにあるので、今回もこれで行こうとした。

前川　そうでしょう。もし6名の任命拒否がこのまま通ってしまったら、3年後には10人、20人になります。6年後にはもっと増えて、そもそも半分の105人ではなく、210人持って来い。そこから半分だけ任命する、こんなやり方になってしまう。人事権を使いつつ3年ごとに強めて行けば、学術会議は骨抜きになっていく。政府の御用機関になってしまいます。ただそれをするためには、3年ごとの人事の機会をつかまえてやっていかないとダメなので、時間がかかるんです。それよりは「行革の対象だ」と。

――なるほど、10億円の問題を出して。

前川　国民の税金を使う価値のないものだ、とか言ってね。

――いきなりつぶしてしまう。

前川　そう。そんな強行策に出てくることもあり得ると思います。

――それも危険ですが、こんな形で任命拒否をされたら、「安保法制に反対しないでおこう」とか「共謀罪についても黙っていよう」などと、学者さんの方が先回りして、口を閉ざしてしまう。

前川　そうなる可能性は極めて高いと思います。すでに杉田水脈なんて人はね、杉田さんの娘じゃないけど（笑）

――ダブル杉田ですね（笑）

前川　自虐的な研究をする人に科学研究費補助金を出すべきじゃない、と平気で言ってたわけです。科学研究費補助金というのは文部科学省の傘下にある日本学術振興会という独立行政法人が配分しています。そこに学者さんたちが集まって、お金を配る審査をしている。その人事に、また政府が首を突っ込んでくる可能性があるのです。

――そうなると、大学の自由が損なわれてしまう。

前川　学術振興会が配っている科学研究費補助金の配り方に、政権の意見が入ってくる。政権に批判的な研究に対しては、金を出さないぞ、と。国の金を「国民から選ばれた政府が決めて何が悪い」。この論理で行くと政権を批判するような研究ができなくなっていきます、この先ね。

――先日、中曽根康弘元首相の国葬がありましたね。あの時に全国の大学に対して「弔旗を掲げろ」という指令があって、掲げた大学と掲げなかった大学に別れました。大学も今や独立行政法人ですから、掲げなかった大学には予算が減るという事態も考えられますね。

前川　あり得ます。今回の葬儀にあたっての弔旗だけではなくて、その前に下村博文さんがね、「国立大学も国のお金で運営している国の機関なんだ。小中学校と同じように日の丸を掲げて君が代を歌え」と言ってるんですよ。

――戦前への回帰が進行しているように感じます。

前川　国のお金を使っているから日の丸を立てないといけないという論理は全く飛躍しています。実際、国立大学の中にも、今は日の丸を掲げている大学があります。ここで文科省のいうことを聞いとかないと、後でしっぺ返しを食らうかもしれない、仕返しされちゃうんじゃないか、と忖度しちゃいますよね。

——大学は今、火の車でしょ。

前川　大学はみんな苦しいわけです。これでお金減らされたら困るという気持ちは働きますよね。そうすると政府にすり寄るような行動を取るところも出てくる。実際、出てきてます。

——今の下村さんの話は「国が税金突っ込んでるから従え」ということですよね。例えば「国立病院に税金突っ込んでるのは、けしからん。だから民間病院に払い下げる」ってことになれば耳鼻科や小児科、救急外来はなくなりますよ、儲からないから。だから税金を入れるわけでしょ。国立大学だって、貧しい学生でも学べるように、と税金を補助するわけでしょ。

前川　そうですね。

——そこをすっ飛ばして、「国の金を入れたのだから従え」というのは乱暴な話ですよね。

前川　高等教育を受ける権利を保障する、そのための国立大学なわけですよ。学術を振興するという公益が学術会議にはある、そのために税金を使っているわけです。国の税金使っているから国のいうことを聞け、ということにはならないはずです。

——さらに言えば「それ、あんたの金か？」っていうことですよね。国民全員のお金でしょ。下村さんや橋下さん個人の金じゃない。論理の飛躍。いきなり上から目線で、ガーっと。こんなやり方でこられたら「怖いから黙っとこ」ってなりますよね。スガ政権、スガーリンは早くやめさせないと。

前川　危険だと思いますよ。

一斉休校で現れた学習格差

――次にアベスガ政権のコロナ対策について伺います。2020年2月末、アベが専門家にも相談せず、突然「学校一斉休校」を強行しました。前川さんはどう感じてましたか？

前川　愚策。あるいは悪政、もっと言えば人災。子どもたちにとっては大変な災難だったと思います。

――子どもたちの学ぶ権利とか、シングルマザーたちの仕事の調整とか、いきなりの休校で右往左往してましたよね。

前川　これは先ほどの日本学術会議の話と通底していますが、全く科学的根拠のないことをやったわけです。根拠がないだけでなく、自分たちが集めた政府専門家会議の意見さえ聞かなかったんですから。

――萩生田光一文科大臣の意見も聞いてませんでしたね。

前川　もう、トチ狂ったとしか言いようがない。

――確か岩手県はこの時点で感染者ゼロでした。

前川　市町村レベルでは、感染者のいないところはワンサカあった。

――じゃぁ休校しなくても良かったじゃないですか。

前川　そうです。20年2月27日にアベ首相が突然、休校を要請しました。その2日前に文科省は課長レベルで文書を出している、新型コロナウィルスに対して。休校については「こういう場合は休校にしましょう」と指針を出している。それは「学校の中で児童または先生に感染者が出た場合には休校にしてください」。地域の中に感染者が出て、学校の中に濃厚接触者がいた場合には「濃厚接触者の登校や勤務は差し控えてください」という指針。一つの市町村で「全体を休校にする」ということはあり得るが、それはその地域で感染が爆発的に拡がった場合のみ。

——地域がパンデミックになった時だけ。

前川　その場合も「都道府県の衛生部局とよく相談し、その上で教育委員会が判断してください」ということだった。非常に理にかなった方針を出していた。ところがその2日後に、アベ首相が完全にトチ狂ったんですよ（苦笑）、これがウケると思ったんでしょうね。

——人気が上がると？

前川　その1日前に北海道の鈴木直道知事が「全道一斉休校」を打ち出して、評価されたんです。

——あぁ、ありましたね。

前川　メディアにも道民にも「英断だ」って言われていた。これを見ていて、官邸の今井尚也さんが。

——出た、今井尚也。

前川　彼が、アベ首相にそそのかしたんでしょう。

——アベは「僕ちゃんがヒーローになりたい」と思ってますからね、常に。

前川　実際にワイドショーなどで「これは大英断だ」と持ち上げていた人がずいぶんいましたからね。

――アベとスシ食ってるようなコメンテーターが。

前川　これは、ものすごい負の効果を与えたんです。まず、子どもたちの学習権を制約した。子どもたちは家で勉強せざるを得なかった。この時の文科省の通知がひどかった。「学校から子どもの家に時間割を渡しなさい」（苦笑）。つまり学校の時間割通りに家庭で教えなさいということ。

――そんなこと、できる家庭って少ないですよ。

前川　調査によると、46％の家ではお母さんが勉強を見ていた。

――お母さんだって忙しい。かなり無理してたんですね。

前川　お父さんが見ていたという家は4％しかなかった（笑）。誰も見ていなかったという家庭が3割くらい。

――放ったらかしたわけですね。

前川　同時期にオンラインで授業を配信している塾がありました。書き入れ時とばかりに受講生を集めてました。

――アイパッドとかを配って。

前川　両親が見てくれる、オンラインの授業を受ける、または家庭教師が来る。そういうところの子どもたちはそんなに勉強が遅れなかった。

――つまり所得の高い世帯は影響が小さかった。でも非正規労働者の世帯なんか、そんな余裕なかったでしょうね。

前川　放ったらかしで、家に閉じこもっているしかないという子どもが多かったわけです。明らかにここで学習の格差が生じた。それだけではありません。ずっと家に閉じこもっているわけにいかないので、外へ出て公園で遊んでいると、自粛警察の大人が怒るわけですよ。

――子どもが「うつ」になっちゃうじゃないですか。

前川　なりますよ。5月になって日本小児科学会が専門的な見解を出しました。「子どもたちが抑うつ傾向になる」と言ってますよ。

――家でこもって、何もすることがなければね。

前川　することと言えば、スマホとか。

――ゲームですね。

前川　ゲーム依存も進行しました。それと学校に行かなければ「給食が食べられない」。つまり飢えてしまった子が出てきた。

安倍に迎合した文部科学省の人災

――平常時でも、朝ごはん食べてない子が多いですからね。

前川　子ども食堂も閉じたところが多かった。本当に食べるのに困った子が出現したんですよ。

――見えない貧困が進んでますからね。

前川　おそらく、これはまだ検証されていないけれども、家庭内での虐待が増えたはずです。学校が閉じてたものだから、学校から、幼稚園からの児童相談所への通告が激減したんです。児童相談所が扱う件数自体が減ったんです。しかし虐待の件数は増えてるはずです。

――お父さんが派遣切りにあったりして、うつうつとしているときに、ずっと子どもがそばにいたら、叩いたりする人が出てきますよね。

前川　この休校の前後で子どもの自殺も増えたと思います。後で統計が出て来ると思いますが。さらに問題なのが不登校ですね。

――不登校は増えたでしょう。

前川　再開した学校で何が起きているかというと、遅れた授業を取り戻そうと、詰め込み授業をしている。

――余計に落ちこぼれてしまう。

前川　格差が生じて、置いていかれる子どもが増えている中でね。

――1回休ませてしまうと、生活のリズムが崩れますから、朝起きられない子どもも増えるでしょうね。

前川　いろんな意味で子どもたちは災難を被っているんです。

――これ、人災ですね。

前川　人災です、アベさんによる。正確にはアベさんに迎合した文部科学省の人災でもある。2日前にはまともな文書を出していたのに、アベさんが「一斉休校！」と言った途端に、アベさんと同じ通知を出している。

――やはり人事で押さえられているから。みんな「ヒラメ職員」になっていた。

前川　さっき言ってた、定年延長をしてもらった人の名前で出てるんですよ。さらに残念なのは、この通知に唯々諾々と従ってしまった各市町村の教育委員会ですよ。本来なら教育委員会こそが学校の休校について権限を持っている。

――政治から独立しているから第三者機関の「委員会」になってるわけでしょ？

前川　そうです。児童、生徒の安全と健康だけを考えて、休校するかどうかを判断すべきなんです。総理が言ってるから、とか文科省から通知が来たからとか、全くの思考停止、判断停止で、ほぼ一斉に休校してしまった。

――東京オリンピックを延期せずにやりたかったので「一斉休校」で、感染者数を抑え込みたかった、というのもあったのかな。

前川　それもあったと思います。アベさんと小池都知事の中にね。この2人とも3月下旬、延期を決定する3月24日まで、はっきりと言わなかった。

――PCR検査もやりませんでした。

前川　このまま、ほっかむりしながらオリンピックまでやっていけるんじゃないか、という期待を持ってたんだと思います。オリンピックを延期する、と決めた途端に「コロナ対策だ」と。アベさん以上に分かりやすかったのは小池さんでしたね。

――いきなり出て来て、ロックダウン。その後は「夜の街」ばかりに責任を押し付けた。

前川　「夜の街」を攻撃しましたね。敵を作って攻撃することで、支持を引き上げたいという、古今東西、権力者が使ってきた手法ですね。

――「敵を作って自分の人気をあげる」と言えば、大阪の橋下徹（笑）。公務員はけしからんと言い

続けて

前川　公務員とか教員はね、ずっとバッシングの対象になってるんですよ。

――攻撃しても反撃されない。安心して叩けますからね。

加計学園問題の真相

――前川さんといえば、この問題を尋ねないといけません。加計学園問題。世間は忘れかけていますし、政権は「早く忘れてくれ」と願っているでしょう。だからあえて聞きます。前川さんがこの問題に関して「告発しよう」と立ち上がってくださった。この流れを今一度説明してください。

前川　これ「私が告発した」って言うよりもね、本当はね、私みたいに顔も名前も出していない、まだ文部科学省の現職の職員たちがいるんです。文部科学省の内部文書がたくさん出てきたでしょ。

――はい、そうでした。

前川　最初、当時のスガ官房長官は「怪文書のようなものだ」と。

――そうそう、怪文書と言いましたね。

前川　切って捨てようとした。しかしそれは実際に存在した文書だった。これを流したのは文部科学省の中にいた職員なんですよ。

――そうだったんですか。

前川　私が持っていて、メディアに提供した文書もあるけれど、私が見たこともないような、「これは課長補佐レベルでしか持っていないだろう」と思われる文書も表に出たんです。

――それは知らなかった

前川　いろんなメディアの人からいろんな文書を見せられたんですけどね、ルートが三つ、いや四つくらいあると思うんです。要するに文部科学省の中に3人か4人、自分の判断で内部文書を外に提供した人物がいる。

――カッコイイ人がいはるんや。

前川　彼らは顔も名前も知られていないわけですね。私はこの時、文部科学省を辞めていましたから。怖いものはないわけです。政府のお世話で天下りもしてませんから（笑）、しがらみがない。平気でなんでも言える。一方、現職の私の後輩たちが、文書を表に出したという行為はね、私より百万倍も勇気がいることです。

――そうですよね。「これ、誰が出したんや」と調べますから、スガーリンは。

前川　調べさせたハズです。でも文部科学省も徹底的な犯人探しはしなかったんです。あの時の大臣、松野博一さんが良識のある人だったと思っています。犯人を探して、血祭りに上げようということはしなかったんです。

――この時、下村さんでなくてよかったですね。

前川　下村さんや萩生田さんだったら、やってたかも知れない。

――そうですね、萩生田は加計と一緒に缶ビール飲んでましたからね（笑）

前川　あの時「あったものを、なかったことにはできない」と申し上げましたけれど、それはいろんなメディアの人が私のところに文書を持って来て「これは、ありましたか？」と聞くので「ありましたよ」と答えただけなんです。「あったものをあった」と言っただけで、それほど「勇気ある告発」というわけではない。

――私はその時、初めて前川さんの名前を知って、「やったー、凄い人が出て来た」と嬉しかったんです。ここで問題を振り返りますね。加計学園というのは、愛媛県今治市に「全国で一つだけ認められる獣医学部」の新設を認められた。その時に愛媛県とか今治市の職員は上京して首相秘書官の柳瀬唯夫という官僚に会った。でもこの柳瀬さんは「会った」という事実を認めませんでした。しかし「実は会っていた」という文書が後から出てきた。この文書は、今おっしゃった「三つか四つのルート」から出てきたのですか？

前川　柳瀬さんの文書はね、むしろ愛媛県から出てきたんです。柳瀬さんが関連する話は2015年ごろの話でね。

――この15年は認可するかどうか、佳境に入っていた頃ですか？

前川　山場は16年なんです。実際に加計学園が国家戦略特区で「獣医学部を作れますよ」と認められたのが17年1月。それより約2年前の15年2月、3月、4月の頃の出来事が、愛媛県文書で分かるわけです。

――愛媛県の方が、過去の文書だった。

前川　文部科学省の文書は16年9月、10月、11月のもの。これより1年半前の文書が、愛媛県に残っていた

――良かったですね、愛媛県に残ってて。

前川　これに文科省の文書を付き合わせると、全貌が明らかになってくるんです。

――普通は柳瀬さんに会えないでしょ？　愛媛県や今治市クラスでは。16年9月頃の文科省の文書で言えば、確か加計学園のライバルが京都産業大学でしたよね。京産大を落とさなあかん。その経緯が書かれた文書ですか？

前川　そう。無理やり萩生田さんたちが、京産大が飲めないような条件をわざわざ付けて。例えば「広域的に獣医学部が存在しない地域に限る」とかね。「広域的」という言葉を入れると、京都の隣の大阪にあるんですよ。

――それで京都は無理になった。

前川　愛媛県の周りの県にはないわけですから。四国にも岡山、広島にも。だから「愛媛県には作っていい」という理屈になるので「広域的」という理屈をひねり出した。これが当時の萩生田官房副長官。それともう一つの条件は「平成30年度開設でなければならない」。元々加計学園は平成30年度、つまり2018年度に作るつもりで15年からやってますからね。

――加計学園が有利になるわけですね。

前川　京産大にしてみれば、この条件を突きつけられたのが17年の1月ですから。

――あと1年しかない。

前川　1年で獣医学部は作れません。加計学園は初めからスタートしてたから出来るけれど。京産大がとても飲めないような条件を、後から付け加えたんです。

――この背景に、加計孝太郎とアベが14回くらい一緒にゴルフしてましたよね。その上でアベは「1

回も加計さんと獣医学部の話はしていない」と言うんですね。

前川　国会ではそう答弁している。ウソに決まってますよ。だって愛媛県の文書、つまり怪文書でもなんでもなく中村時広知事の責任で「愛媛県に残っていた文書です」と、参議院の予算委員会に提出した文書がある。

――そうでした、中村知事が出てこられましたね。

前川　証拠能力は極めて高い。その中にバッチリといろんなことが書いてあるわけ。例えば15年2月25日、日付まで特定されているんだけど、この日に加計孝太郎理事長が安倍晋三首相と15分間面談した、と書いてある。

――ハッキリ書いてあるんですか。

前川　その面談の時に出た話題も書いてある。加計孝太郎さんが新しい獣医学部の説明をした。それを聞いたアベさんが「それはいいね」と言ったのが残っている。その後の3月と思しき時に、2人で会食した時の会話が残っていて、加計さんが「地元の動きが鈍い」と言う。これは翻訳が必要で、おそらく「地元の今治市が思ったほど金を出してくれない」という意味。この後、4月に加計学園の渡辺良人事務局長が今治市の課長さんと愛媛県の課

加計孝太郎理事長を囲み談笑する安倍前総理と萩生田文科大臣（出所：萩生田のブログ「永田町見聞録」

長さんを連れて、急きょ、首相官邸を訪問する。この時に柳瀬唯夫という秘書官が対応した。これは会食の際に加計さんがアベさんに陳情したからだと思います。地元の動きが鈍いんだと。要するに「もっとハッパをかけてくれ」。愛媛県と今治市に「もっと金出すように言ってくれ」と。こういう話だったと私は思います。それで「首相の意」を汲んだ柳瀬さんが今治市と愛媛県の役人に会った。これが4月3日。これも日付まで分かっている。この時の柳瀬さんの発言も克明に残っている。

――役所って記録に残します。「森友学園にアッキーが来た」（笑）とかね。

前川　残すんですよ。この時開口一番、柳瀬さんがなんて言ったかというと、「本件は首相案件となっている」

――これ、有名な言葉として残ってますね。

前川　首相秘書官と首相の間には誰もいませんからね。誰かが「これは首相案件だよ」と伝えたわけではなくて、「僕の案件だよ」とアベさんが言わなければ、そうはならないわけです。

――前後するかもしれませんが、和泉洋人首相補佐官も前川さんのところにやって来て「これは首相案件だ」と言ったのではなかったですか？

前川　これは2016年の9月、柳瀬さんから1年半後。文部科学省が渋っていた頃ですよ。「そんな理屈の立たないことはできないじゃないか」とね。事務次官である私が和泉さんに呼び出されまして、官邸に行ってみたら「今治の獣医学部の話を早く進めてくれ」、そして「総理が自分の口から言えないから、私が代って言う」と。これは、はっきり私が聞きました。耳に残ってるわけですから。

――総理のご意向だ、と

前川　「総理のご意向」というのは内閣府の藤原さんという担当審議官が担当の課長に向かって言った言葉です。これが文部科学省の文書の中に残っていた。

――和泉は大坪寛子という女性官僚と、税金で行った視察旅行の際にコネクティングルームで（笑）話題になった人。スガ政権になってもまだ残ってはりますね。

前川　むしろ和泉さんの権勢がまた高まっていると思います。

――スキャンダルがあったのに復活したんですか。

前川　復活どころか、拡大してますよ。

――えっ、拡大してる？

前川　なぜか？　今までのアベ政権下の官邸は、官邸官僚と言われてきた。

――今井尚哉がいて。

前川　今井さんをはじめとする「アベ側近官僚」と杉田さんとか。

――北村滋とか警察庁出身の。

前川　そして和泉さん。つまりアベさんよりスガさんに近い、スガ側近の官邸官僚。

――そうか、アベ側近とスガ側近がいる。

前川　そして両者は必ずしも仲が良くなかった。

――そりゃそうですね、ライバル同士になりますから。

前川　ところが今の官邸は、全部がスガ側近官僚になった。言ってみれば官邸官僚が一元化された（笑）わけですよ。私は今「アベスガ政権が、スガスガ政権になった」（笑）と言ってるんです。

——スガスガ政権（笑）

前川　スガ自身が官房長官の仕事もしていると思います。加藤勝信さんは実は官房副長官みたいなものだと。

「出会い系バー問題」のウラに何が

——そんな中で前川さんのことが気に食わんという人たちが調べてたんでしょうね。いわゆる「出会い系バー事件」が起こるんですけど。これは「貧困問題の調査」で行ってはったんですよね。

前川前次官 出会い系バー通い、
文科省在職中、平日夜
次官時代の不適切な行動
報道すべき公共の関心事
社会部長
原口隆則

「読売」が2017年5月22日付朝刊で報道した前川氏の記事（右）と6月3日付の部長名の弁明記事（左）

前川　新宿にね、出会い系バーがあって。あるテレビのドキュメンタリー番組で「女性の貧困」を扱ったものがあって、このバーに女性が出入りしていて、ご飯をおごってもらったり、まぁ場合によってはホテルに行くとかね。

——まぁ、そういうこともあるでしょうね。

前川　この種のバーは女性はタダで入れるんです。飲食もタダでできる。行き場のない女性がこういう場所に溜まっているという番組でした。それで私は、こういう所にくる女性の話を聞いてみたいと思ったんです。普通は、文部科学省の役人はこういうことをしな

いんだけども（笑）

――でも、そんな貧困の現場を知りたいと思って行かれたんですよね。

前川　共通してるのは、シングルマザーの子ども、という生い立ちの人が多かったですね。

――やっぱり、シングルマザーの子どもはシングルマザーになることが多い。

前川　そうです。親も自分もそうなってしまう。

――よく聞くのは、虐待を受けた子は虐待すると。

前川　連鎖していきます。世代間でね。それから、不登校とか高校中退の経験者が多かった。だから高校中退をいかに防ぐか、というのが貧困問題の大事なポイントだと、そこへ行ってよくわかりました。

――そういう前川さんの日常を、内調が調べていた？

前川　誰が調べていたのかわかりませんが、内調かもしれません。

――だって、杉田さんが言ってきたんでしょ？

前川　２０１６年秋頃、私がまだ現職の事務次官だった時に、杉田さんに呼び出されました。「今日は、何で呼び出されたのかな？」と行ってみたら、「君は出会い系バーという所に出入りしてるみたいだけど、どういうところなのかね？」って言われてね。何でこんなこと知ってるんだろう（笑）と。全く個人的なことをね、もちろん公用車なんかで行ってませんから（笑）

――杉田が直接目撃したわけではないから、だれかに尾行させてるわけですよね。恐ろしいな。

前川　ビックリしましたね。

——そりゃ、ビックリしますわ（笑）

前川　何でこんな個人的なことを知っているんだろう？と。それで「どんなところかね」と聞くので、「いや、こういうところです」「そこは、女子高生もいるのかね」「いや女子高生はいません」。私の行ってた店は、マスターから聞いたんですが、ちゃんとチェックしてましたから。大人しかいない。この時に杉田さんから「君は立場上、そういう店には出入りしないほうがいい」とご忠告をいただきました。この時は「ありがたいご忠告だ」と思いました。そう受け止めて「わかりました」と引き下がったんです。でもね、後から考えると「何であんなの、知ってたんだろう？」（笑）と。

——不気味ですよね

前川　後から考えなくてもそうなんだけど（笑）、いわゆる「行動確認」というのが行われてたんだなー、と。

——この直後、前川さんが加計学園問題で告発した時に、「読売新聞」が「出会い系バー問題」を報道したんですね。

前川　そうです。

——この報道に至るまでの経過は？

前川　17年3月頃だったと思いますが、加計学園問題で一部の新聞や放送局が、私のところに取材に来てたんです。どうもそれが官邸に伝わったんじゃないかなと思います。私はすでに17年1月で辞めてましたからね。全くフリーの立場で動いていたんですけど、私の携帯に杉田さんから電話があったんです。

――でも退職後でしょ？

前川　そう。何の用だろう？と。「君の、例のバーの話だけれど、週刊誌が書こうとしているから気をつけたまえ」と。

――うわっ、怖いな、それ。

前川　文科省を辞めた後だし「気をつけたまえ」と言われても、気をつけようがないじゃないですか（苦笑）

――政府に反旗をひるがえすと、こんなことをされるぞ、という脅迫ですよ。

前川　私も鈍くてね（笑）。これはウォーニング（警告）だと、気が付かなかった。何でこんな電話して来たのかなと思ったんですよ。まだその時には親切心で言ってくれたのかなと思っていました。

――そうなんですか（笑）

前川　でもその後に、いくつかの週刊誌が取材に来て「出会い系バーの話が聞きたい」とね。これを放ったらかしていたら、次に「読売新聞」がきたんです。週刊誌の中で、「週刊文春」だけは「出会い系バーの話を聞いたけれど、これを記事にするつもりはない。むしろ加計学園の話を聞かせてくれ」と言われたので、文春には応じたんですよ。

――文春はまともだった。「読売」、何してんねん！って思います。

前川　「読売」はね、5月の下旬、17年5月22日だったかな。「もう、記事出しますよ」と言ってきたんです。前日に「明日、出しますから」ってね。取材の申し込みを受けてたけれども、対応していなかった。「『読売』が書くわけない」と思っていたんです。

――でも、1面トップでしたよ（笑）

前川　信じられなかった（苦笑）。まさか書くことはないと思っていたんですが、その前の日に、つまり「明日、書きますよ」と言われた同じ日に、和泉さんからアプローチがあったんですよ。

「読売」の記事を止めたければ…と

――またまた出て来た和泉洋人、スガーリンの懐刀。

前川　和泉さんと私の間に入ってきたのが今の、事務次官の藤原誠。この時はまだ局長ですけど、彼が間に入って、私にメールを送ってきて「和泉さんが会いたいと言ったら、対応する考えはありますか」という。これは加計学園問題についてだな、と。この時想像したのは、「加計学園問題についてこれ以上発言はするな」あるいは「これまで発言したことは撤回しろ」というような話なんだろうと。そうすれば。

――「読売」の記事を。

前川　止めてやる。こういう取引なんだろうな、と直感的に思いました。これは今も当たっていると思います。ただ私はもう会う気はなかったんです。藤原くんという後輩には「ちょっと考えさせて」と返信しました。本当は答えが決まっていたんだけどね。「考えさえてくれ」と返事を書いてそのままにしてたんです。そしたら「読売」の記事が出ちゃった。

――ひどいことするなー。

前川　でも「読売」の記事が出たことで、踏ん切りがついてね（笑）。官邸って、こんなことまでするんだというのが分かってね、それでハッキリ、公に物を言おうと思って、17年5月25日の記者会見をやったんです。

――そういう経過でしたか。

前川　記者会見をした、その踏ん切りをつけてくれたのは……。

――「読売新聞」だった（笑）。前川さん、よく分かりました。ここで時間が来てしまいました。また、ゲストとして出演をお願いします。

前川　どうもありがとうございました。

（この対談は２０２０年10月20日に行われました）

大手メディアが伝えないスガの冷酷さ

望月衣塑子（東京新聞記者）

スガと直接対決して見えたもの

全てが官邸で決まっていると感じるようになり

——今回の対談、前半のテーマは「スガ総理大臣ってどんな人？　大手メディアが伝えない、その冷酷さを暴く」です。首相就任当初のメディアの持ち上げ方、地上波であれだけ「パンケーキ」や「苦労人」と言われると、国民が誤解してしまって一時は支持率がかなり上がっていました。スガと「直接対決」してきた望月さんは、あの現象をどう見てましたか？

望月衣塑子　すごい、いい人かもしれない（笑）。柔らかいイメージが付きますよね、「パンケーキ」と「令和おじさん」で。なんか「可愛い」と。白雪姫に出てくる「小人のおじさん」みたいな（笑）

——そうかなー、陰険なオッサンとしか思えへんけど（笑）。先入観があるからかな。

望月　笑うとね。普段はやはり怖いですよ、目つきとか。

——あなたはスガと直接対決してるから、お聞きしますね。そもそも官房長官記者会見に出ることになった、そして鋭い質問をぶつけるようになった、そこに至った経過は？

望月　モリカケ問題、そして伊藤詩織さんへの性的暴行疑惑で山口敬之さんに逮捕令状が出ていたのに、それがなぜか当時の警視庁刑事部長によって、逮捕が見送られたという……。

――中村格という人物が止めたんですよね。

望月　今は警察庁ナンバー2のね。

――スガの側近でしょ？

望月　そうです。官房長官秘書官を6、7年。結構長くやっていて、非常にスガさんの信頼も厚い。枝野さんにも付いていたので、与党にも野党にも食い込んでいて。

――黒川さんもそうだった。いわゆる「上の覚えのめでたい人」ですね。

望月　そんな疑惑が続きました。森友に関しては籠池理事長夫妻が、内幕を話されたりして相当、昭恵さんがらみで値引きが進んだんだな、と分かってきましたし、加計学園に関しては前川さんが出てきて「あったことをなかったことにはできない」と。弁護士会館で、冷房切られたから、ダラダラの汗をかきながら会見したんですけど、田崎史郎さんが「あんなに汗かいてるから、何か後ろめたいことがあるんじゃないか」って。いや、単に暑かったんだよ（笑）

――さすがスシロー（笑）。

望月　前川さんだけじゃなく、記者も汗かいてたんですけど。そして詩織さんの告発がありました。告発する側って、訴えた山口敬之さんやそのバックにいるアベさん、そして官邸を敵に回す可能性があるわけですよ。ものすごい覚悟の上で

――杉田水脈みたいなのも（笑）いるからね。すごい勇気ですよね、実名でね。

望月　彼女自身がジャーナリストとしてやっていくためにも、自分の心に蓋はできない、と。あの

2人、前川喜平さんと伊藤詩織さんがでてきて、その前に森友問題があった。とんでもないことが続いている。でも、例えば加計疑惑。閣議後の会見で、当時は松野大臣でしたが、何人かの社会部の記者が厳しく追及するんですよ。「再調査についても検討していく」とかお茶を濁したような答えで、この松野さんが自分の判断で「じゃぁ再調査しよう」と踏み切れる状態ではないなと。全てが官邸で決まってるなー、だんだん取材していて感じるようになってきたんです。初めはアベさんのところに行きたいと思ったんです。アッキーの土地がらみの話でしたし。

――加計理事長とゴルフしてるのはアベやったし（笑）

望月　「アベさんに行きたいんです」と政治部の、当時の部長に相談したら、「アベさんは今は全然ダメだ。政治部も指されない。番記者も、今はスガさんの方がひどくなっちゃった気はするんですが、朝夕のぶら下がりが首相はあるんですね。小泉さんの時は丁々発止、いろいろやってたんですが、3・11が起こり、当時の菅直人さんが「そんなことやってるヒマはない」とやらなくなって、ちょっとずつ戻ってきたんだけど、気が向いた時に答える程度で、基本的には黙って行ってしまう。記者も、安倍前首相の時に朝夕で1問、せいぜい聞けて2問。首相官邸での会見でも、民主党時代は年に12～13回やってたのが、アベさんになって激減し、4～5回くらいになった。

――それは1年に？

望月　そう。年に4～5回。それも当てる記者とか、させる質問もほとんど事前に決まっていて、幹事社2社プラス3名。5人の質問で終わってしまう。

――「東京」、「朝日」、「毎日」は？

望月　まず、当てませんね。

――ぶら下がっても、黙って通り過ぎるだけだ、と。

望月　ぶら下がりにも登録がいるんですよ。政治部の中でも首相番だけ。むやみやたらに聞けない。首相会見は、コロナで制限のない時などは、社会部であっても行きたい人は行けた。普段のぶら下がりは、アベ前首相の所に行けるのは政治部だけ。首相会見には、行っても政治部でないと指してもらえない。だから官邸ナンバー2で実権持ってて、かつ質問できる人。

私だけで初日に10問、2日目に23問も質問

――それでスガの記者会見に行くことになった。2年前から？

望月　17年6月からなので3年前ですね。

――モリカケ問題が起きてすぐ、社会部から政治部主催の記者会見に初めて行った。この時には手を挙げたら当たったの？

望月　当たりました。当時は「手が下がるまでルール」。ホワイトハウスの国務省の記者会見にならってましたから。とはいえ番記者さんは2～3問くらいかな。「表情が少し険しくなった」と察知すればこの辺で止めとこう、と配慮もあったんでしょう。だいたい10分ちょっとくらいで終わっていた。

――だってオフレコ懇談会があるからね。朝食食べながらとか。番記者にすれば、この場では聞かないでおこうという。

望月衣塑子+特別取材班『菅義偉　不都合な官邸会見録』(2021、宝島新書)

望月　そんな気になるんだろうと思います。そこがちょっとぬるいな、と。官房長官記者会見って、どんなふうになってるんですか?と尋ねたら、テレビの記者さんが「すごく緩いんです」。当時は、モリカケ桜に詩織さん。国会でもてんやわんやで、日々の新聞の1面トップを騒がせているし、会見も加熱してるのかな、と内閣府が公表しているホームページで動画を見ると、ちょっとは聞くんですが、「問題ない」「関係ない」「ご指摘は当たらない」と答えたらシーンと(笑)なっちゃってるんですよ。「えっ、これ問題なくはないよね」と思ってもその先がないんです。「ちょっと怒ったな」となれば「引いとこかな」みたいな。私も東京地検特捜部を担当したことがあるので想像はつきます。政治家の番記者は特捜部以上に、朝から「お早うございます」、夜の「おやすみなさい」までね、政治家の一挙手一投足をずっとウォッチして、ぶら下がって、その人から「ネタを何とかして取らなきゃ」ということだから「これ、おかしくないですか?」と厳しく追及できないんだろうなと分かってしまうんです。

——東京地検で、同じような経験してたんですね?

望月　あうんの呼吸。だから、しがらみのない私の方が、もっと厳しく行けるかなと思いました。自分で現場、例えば伊藤詩織さんのことも取材してましたから。出席すれば、この時は「手が下がるまでルール」があるから、指すわけですよ。初日は10何問か、聞いたかな。2日目かな、20分で、私だけで23問聞いてた（笑）。誰かに集計されてて（笑）

――その時、スガは明らかに嫌な顔をするんでしょ？

望月　ちょっと困ったな、と。

――なんじゃ、こいつは（笑）

望月　そうは言っても、たまに社会部さんが来るけど、ポンポンと尋ねて、また来なくなったりするから。

――初日、2日目くらいまでは「コイツもそのうち来なくなるだろう」と我慢してたんやね（笑）

望月　「スガさんが『また来てよ』と言ってたよ」と、出席していた他の記者から聞きました。これは霞ヶ関では「二度と来るな」という意味だそうです（笑）。私はそう言ってくれてるんで「また行こうかな」（笑）と思ってたんです。

――そういう「鈍感力」が大事（笑）。この後、だんだん雰囲気が変わってくる？

望月　スガさんが追い込まれてイライラしてるのも分かりましたし、途中からは、指すのも嫌だから、横目で（笑）ふてくされたように指を。

――会見では、報道官ではなく、スガが直接、指してたの？

望月　そうなんです。「この位で終わってくださーい」とか言ってるのは報道官。指名は基本的にスガさん。

――確か上村秀紀報道室長だったかな、「質問は簡潔にお願いしまーす」とか、うるさかったね。

望月　あの人が指すんじゃなくて、単に妨害してたの（笑）

――早く終わりやがれ、みたいな態度。

望月　私の質問が終わってても、私の話を聞いてないから「質問、簡潔にー」（笑）とかね。

――ハナから聞いてない？

望月　聞いてない感じでしたね。

――彼の使命は早く終わらせて、しゃべらせないということ？

望月　そう。それとコイツはとんでもなく長い質問をしてる女だ、という印象も含めてね。1回目に注意を受けた時は、確かに長かったんです。記者クラブからも「長い」と言われて、会社で話し合って「これ以内に収めよう」と工夫して短く質問するようにしました。

――短めに質問を。

望月　短めに、短めに、と工夫して。「主張しに来たのか！」と言われちゃうんで。でも短くしても割って入ってくるんです。1分半の中で、多い時は確か5回妨害が入って来たかな。1分半で5回もやられると、何言ってるんだか分からなくなる（苦笑）

――1分半の質問なのに「早く終わってください」「まとめてくださーい」とか？

望月　「質問、簡潔にー」「はい、質問に移ってくださーい」を連発。

「あなたに答える必要はありません」

――だんだんそんな風になって来て、最終的には「望月を入れるな」となった？

望月　18年でしたか、沖縄・辺野古の埋め立て工事が始まった時に「違法性の高い赤土が大量に入ってるんじゃないか」って質問したんです。

――そうそう、サンゴが大量に死んでしまった、という報道もあった。

望月　サンゴも死ぬし、仲井真弘多元知事が埋め立て工事を承認した時に「赤土は10％以内にとどめる」と約束した文書がありまして、これと業者が発注している文書を照らすと40％という数字が出てきたんです。環境基準を守っていないと思ったので「違法性の高い、赤土を入れてるんじゃないですか？」「これを見過ごすこと自体が問題じゃないですか」と質問したんです。スガさんは「適法にやっています」との回答。学術会議問題と同じく「法に基づいてやっています」と返してきたんです。その直後に上村報道室長が「望月がまた事実誤認のことを聞いてきた」と。

――えっ、誤認じゃなかったんでしょ？

望月　そうなんです。直後の19年1月11日付の「東京新聞」朝刊一面で「辺野古工事で防衛省　県に無断　土砂割合変更　環境に悪影響の恐れ」と検証記事を書いたのでおとなしくなりましたが、おそらく官邸は、防衛省に「望月があんなこと言ってるけど、大丈夫なのか」と問い合わせをしたんだろうと思います。防衛省は「適法にやってございます」と言うから、スガさんは「望月が事実誤認の質問をした」と激怒したと思うんです。それで「望月をこの会見場から締め出せ」となって、上村さんが当時の幹事社に「望月をこの場に入れないでほしい」と迫ってきた。ただ幹事社の記者は「事実誤認を質問したからと言うけど、分からないから聞くわけで、そんなことは往々にしてあること。これだけで出入り禁止にするのはさすがに難しい」と突き返してくれたようだと聞きました。すると上村さんが長い文書を持ってきて「（望月が）また事実誤認を聞いてきた。この会見はインターネットで広く拡散されており、由々しき事態だ。この問題意識を記者クラブの皆様と共有していただきたい」。つまり記者クラブに対して、問題意識、「とんでもない記者だ（苦笑）というのを共有してほしい」と、この文書を受け取ってほしいと来た。この文書は「とんでもないヤツだ」ということが強調されていたので、クラブとしても「これは受け取れない」と突き返してくれたそうなんです。そうしたら、内閣記者会に大きな張り出しボードがあるのですが「それならここに張り出させていただきます」となりました。それと同時に、長谷川栄一、当時の内閣広報官名で東京新聞編集局長宛てに抗議もしてきたのです。

――辺野古の海が汚れているとニュースになっていたから、赤土は10％じゃなくて、もっと入っていたんでしょ？

望月　そうです。防衛省は「適法にやっています」と言うので、現場を見に行きましたが、やはり含有率10％前後には見えない、赤々とした土が入れられていました。県が、違法性があるのではないかと、土のサンプル採取をさせてほしいと求めても沖縄防衛局はサンプル採取を認めませんでした。

――スガは「事実誤認」と言うけど、それは防衛省が「適法だ」と言ってるだけ。

望月　そうです。調査をやらせれば、赤土の割合が、10％前後なのか、それ以上なのかは、一目瞭然で分かるはずです。でも一切していません。

――アベがＮＨＫの討論番組で「あそこのサンゴは全て移転しています」とウソをついた。当時から

「サンゴが危なくなった」と言われてたから、そう答えたわけで。

望月　でもほとんど移ってなかった（苦笑）

――だから、「（赤土混入）10％を守っています」もウソに近いと思うけど。

望月　立ち入り調査を認めれば、いろんなものが出てくる。みんな沖縄の工事はこんなふうに国のいいなりなのかというと、那覇空港の道路延伸工事は、内閣府がやってるのですが、県の要望に基づいて立入検査もサンプル提供も認めているんです。辺野古だけが「適法にやってるから」と一切立ち入りを認めていない。

――二重三重におかしいよね、調べない、誤報だと決めつける、編集局長に嫌がらせをする。

望月　抗議のつもりでしょうけど。

――普通は、嫌がらせと言います。

望月　会社に抗議するのは分からないでもないけど、クラブの掲示板に貼り出すというのは「望月みたいなバカな真似は二度とするな」という警告になります。他の記者への萎縮を狙っている。

――忖度、自粛になっていく。そんな中でスガが「あなたの質問には答えません」と言った。

望月　しょっちゅう言ってる言葉ではあるんですが、あの文書が出て、国会でも野党が取り上げてくれたりして「本当に赤土混じってるじゃないか」「何であんな文書をクラブに貼ったんだ」とか、議員さんが聞いたり、「朝日新聞」や「沖縄タイムス」「琉球新報」「北海道新聞」などが社説で、あの時の質問への抗議を取り上げて批判してくれたりしたんですが、その最中です。私が会見の場でこう質問したんです。「長官はこの場をいったい、誰のための、何のための会見だと思っているのでしょうか？」と。私との向き合い方も含めて「おかしいじゃないか」と聞いたら、「あなたに答える必要はありません」（笑）。今じゃ爆笑ネタですけど、その時はシーン（笑）となって、またこれが記事になるんですよ。

――そう、私もこの時の記事で知りました。

望月　日々見てる人にはわかるんですが、私のいくつかの質問に対する18番で「答える必要はない」「ここは質問に答える場ではない」とかね。

――えっ、記者会見でしょ（笑）

望月　何の場だろうって（笑）

――望月さんは個人だけれど、あなたの後ろにいる何百万もの読者に「答える必要はない」と言ってることになりますよ。

望月　そう思っているから、いろんな読者が感じている疑問などを考えて質問してるわけです。

――これは読者をバカにした答弁。これを平気で言ってしまう。

望月　ある意味、意図的に「この女の質問はおかしなものだ」と印象付けたかった。だから妨害もするし、俺もまともに答えないと徹底していた。同じ質問を他の人が聞いたら、丁寧に答えていたと思います。

――クッソー、望月めと（笑）

「踏み絵」だったパンケーキ朝食会

望月　今回の総裁選挙に出馬した時、議員会館で会見したんです。あの時は1社1名という制限もなく、フリーランスも入れて。多分、間違ってしまったのだと思うのですが、坂井学という議員さん（現・官房副長官）が私を指してくれたんです。

――やった、当たった！

望月　会見に出られなくなって5～6カ月目にしてようやく（笑）。「首相になった時に、ぶら下がり会見に応じるつもりはあるのか」「今後、疑惑事件が出てきた時に、誠実に対応するのか」、いくつか聞いたんです。私の3年間では様々な妨害行為や制限があったけど「首相になったからには、誠実に首相会見も打ち切ることなくやるんですか？」と聞いた。そしたら「早く質問に移ってくれたら、それだけ答える余裕もあるんですけど」。それを聞いた一部の番記者が爆笑してる、みたいな状況。

――その番記者たちもなー。例えば「あなたに答える必要はない」とスガが言い切った時に、だれか1人でも、「それはどういうことですか？」「読者をバカにしてますよ」などと言う記者はいなかったの？

望月　その時は、シーンとなって「はい、終わります」。翌々日に「朝日新聞」の番記者が「あれはどういうことですか？」と聞いてくれました。

――その場で追及すべきですよ。「この答弁は民主主義の否定だ」くらいの抗議をしないと。

望月　質問制限とか妨害行為など、どう見てもおかしなことをやってきたわけで「さすがにやり過ぎじゃないですか」とウラではね、一部の記者さんたちが言ってくれてはいました。でもスガさんは「これでいいんだ」と取り合わなかった。

——スガは首相になって、国会で所信表明もしていないのに、さっそく60人ほどの番記者を引き連れて、オフレコの朝食会をしました。

望月　パンケーキのね。「朝日」と「東京」、「京都新聞」の3社が行かなかった。幹事業務を行う19社の内16社、社によっては2人、3人の登録があるので60名近くが。

——そこへ行ってしまえば、スガと個人的なしがらみができて、追及できなくなるのでは？

望月　ある種の「踏み絵」。パンケーキを誰が食べに来るかなー。それを見るためのリトマスだったと思います。

——典型的なアメとムチですね。こうしてアメをまいておくというのが、ボンボン首相よりもずる賢いところ

望月　そうですね。政治部は、アベさんの時は好き嫌いがはっきり分かれてて「朝日新聞」の南彰記者が分析してましたが、第二次アベ政権の誕生から20年5月までで、アベさんの単独インタビューは「産経」がダントツで33回、「朝日」は3回（笑）

——お友達は大事にする（笑）。「こんな人たちに負けるわけにはいかない」と叫んだ「こんな人たち」とは話もしない。

望月　スガさんになって「ようやく取材ができる」と、喜んでいる記者も多いんですよ。

——うまくスガの手のひらの上に乗せられてしまうのでは？

望月　その意味では、記者の扱いにも長けてるし、アベさんのような極右でもないので、リベラル陣営がコロッと行く可能性も。

――「叩き上げ」ではなく、政界を泳いできたからそれなりの嗅覚を持っているのかな。

望月　そうです。メディアをどうコントロールするか、かなり計算されていると思います。

――「朝日新聞」の南記者の話が出ました。面白いエピソードがありますね。

望月　ある自民党の方が、「公文書を残すのは政治家としての使命です。残さないのは国民に対する裏切りだ」と著書で書いてる方がいるのですが、それはどなたかご存知ですか？　スガさんは「知りません」。南記者が「スガさん、あなたです」（笑）

――スガがこれで激怒したんやね。

望月　その後、夜のオフコン、つまり夜の自宅前での10分ほどの囲み。これがなくなったらしい。で、そのままお盆休みに突入。その結果、数週間、番記者がぶら下がれない状態になった。そこで「困ったなー」となってる時に、上村さんから「質問に対する制限をかけたい」となったんだそうです。

――さっきの内閣報道室長。つまり南記者の質問に腹たったから、クラブに対して「お前ら、南を入れたやろ」と？

望月　「入れるな」とは言えないけど「なんとかしろ」っていう思いを、オフコンをやらないという行動で示す。決して口頭では「あいつらを排除しろ」とは言わない。

――「俺の思いを汲み取れ」ということですね。無言の圧力。前半の最後に、もし、スガ首相の会見に潜り込めたら、何を聞きたい？

望月　やはり日本学術会議の問題になりますかね。「学問の自由は侵害してない。そんなの当たり前だ」とおっしゃいましたが何を根拠に言ってるの?と。

――滝川事件、天皇機関説事件など、政治が学問の自由を封じ込めてきた歴史がありますからね。

望月　今回の任命拒否は、戦前の事件よりもひどいことだとおっしゃる方もいるくらいです。これは単に学術の問題にとどまらず、言論の自由、表現の自由を脅かすことをスガさんがやってきたわけです。

アメリカ、中東、沖縄から見える利権政治からの脱却

武器輸出解禁で死の商人を取材

――後半のテーマは「アメリカ、中東、沖縄から見える利権政治からの脱却」です。「アメリカ、中東、沖縄」と並べた時点で、カンのいい読者、リスナーはピンとくるのではないかと思います。軍産複合体、武器ビジネス、いわゆる「死の商人」。ここを望月さんは取材をされて『武器輸出と日本企業』(2016、角川新書)という著書も出されています。取材されて分かってきたことは?

望月　日本が「武器輸出解禁」に舵を切ったときに、経済部にいたんです。

――2014年くらいだったかな?

望月　そうです。日本は憲法9条があるので「武器を売らない、作らない、買わない」という武器輸出三原則があったんですが、14年の閣議決定で「防衛装備移転三原則」に変えて、売ったり、共同開発したり、と進めて行く方向に舵を切った。この時に日本の防衛企業を取材すると、三菱重工や、

川崎重工は大手ですけど、彼らの利益は多くて10％程度なんです。

——結構少ないですね、比率としては。

望月　防衛企業の平均でせいぜい5％くらいしかない。基本的に民間の方が市場は広いですし、イメージもあります。やはり「武器を売っている」よりも民間で商売しているという方がイメージはいい。つまり日本企業は武器ビジネスで栄えているということではない。でも「2兆円市場」と言われてる海外に出ていくには、武器の技術開発を進めなくちゃいけない。それで防衛省が15年から「安全保障技術研究推進制度」を立ち上げるんです。そこで日本の防衛企業の取材を始めたのですが、アメリカのロッキードマーチンやレイセオンという防衛企業は、利益のほとんど8割、9割が武器なんです。

——イージスアショアのレーダーとか。

望月　その中でしか、企業も下請けも回っていかない。そんな構造になってしまってる。こうなると、抜けようにも抜けられない。これと比べると一線を画しているのが日本の企業。実際に日本企業をインタビューすればするほど「防衛装備」に乗り気になっている企業は少ない。もっと民間でやっていきたいんだという意見。ただ政府が方向性を示してしまったからには「それに応えないといけないのかなー」という雰囲気でした。付き合いも含めてね。武器輸出の解禁に踏み切った当時、私は相当の危機感を持っていました。でも欧米の大手企業に取材していると、インタビューの中で「日本は企業側にも政府の側にも、武器ビジネスにかける気合いとか覚悟が足りない」という意見で「これでは大きな武器ビジネスでは勝てない。あなたは心配してるかもしれないけど、安心していい」と言われたんです。実際に日本は武器ビジネスを始めましたが、うまくいっていないですね。日本が2兆円の武器市場に入っていくのは厳しいハードルがありますし、企業の方にも、そこまで攻めていこうという姿勢はないようです。

冷戦状態が一番儲かる

——やはり戦争に負けて、「二度と戦力は持たない」という憲法9条もあるので、ここは「後ろ向きにしておこう」ということなのかな。

望月　そうですね。NAJAT（武器取引反対ネットワーク）の杉原浩二代表とかが、地道にこの問題に取り組んで、シンポジウムや勉強会、署名も集めて、企業に対して「こういう輸出はやめてほしい」「こんな開発はやめてほしい」とやっています。小さな活動に見えますが、いざ企業にインタビューしてると「ああいうのが一番困るんです」と言われる。つまり消費者として、三菱電機さんにいいイメージがあったのに、こんなレーダーに手を出しているのですか？となれば、企業のブランドイメージにも傷がつく。アメリカに行くと、アメリカの国旗とともにロッキードの社旗も立てているような家があって、防衛企業がやっていることを誇る文化があるんです。そこが全然違います。日本は表立ってやりたくないし、消費者にそういう企業だと見られたくない。ただどうでしょうか、実際にアフリカや中東に行くと、いろんな武器があるでしょ。

——シリア内戦ではロシア製のミサイルが飛んでくるし、イラン製のロケット弾も。イラクでは中国製のカラシニコフ銃が出回っています。イタリア製、ドイツ製の小銃もあふれています。アメリカを筆頭に欧米諸国は「武器が一つの産業になっている」と感じます。そんな中でね、トランプさんは、一方ではアフガンやシリアからの撤兵を打ち出して、あたかも「戦争をしない大統領」の振る舞いをしながら、日本や韓国にたくさんの武器を売ってくるじゃないですか。これに関してはどう見てますか？

望月　トランプさんだけではなく、前のオバマさんも武器を売り込んでましたね。

――そう、アフガン戦争には前のブッシュよりもたくさんの予算を突っ込んで泥沼化させました。

望月　アメリカにいる人に言われたのが、一度この分野に手を染めると、戦争をやることで儲かっていくんですよね。戦争をやるかやらないか、ギリギリのところでも一番儲かるんですよ。

――北朝鮮のミサイル危機のような。

望月　そう。冷戦状態が一番儲かる。いざ戦争をやってしまうといろいろと消耗していきますから。とはいえ実際の戦争でも、無人戦闘機などは中東で爆発的に売れました。つまり実際にどこかで戦争があることでしか、栄えないビジネスですよね。武器産業が発展して、それによって回っていく経済システムになってしまうと、実際に戦争がないと経済が回っていかなくなりますよね。アメリカが定期的に戦争を起こすのは、どこかでそういう力が働くのかなと思います。だからこのビジネスに日本が踏み込んでしまうと、いまは全然それはないけど、20年後とかに、息子や娘の世代が「こんなもの会社で作らされてる」となるのではないかと心配です。

――戦争ロボットとかね。

望月　アメリカではハーバード大学でもすごい優秀な人が、大学院を卒業して最先端の軍事企業に入っていたりしますよ。ロッキード社などでインタビューしてると「この人すごく賢いなー」と思うことがあります。尋ねると「〇〇でドクターとりました」。引き抜くわけです。アメリカの場合は大学の周りに、支援金を出しながら大学を支えている研究所もあるから、そのまま優秀な学生を防衛企業の研究者として引っ張り上げる。こうなると、武器ビジネスで経済も、社会も回っていく。戦争を否定できない文化になってしまいます。怖いなーと思いますね。

日本のイメージからかけ離れたものをアピール

――まだ今のところ日本は。

望月　全然うまくいってない（笑）

――怪我の功名で、よかったね。

望月　そうです。ある意味、大丈夫かなと心配するくらい輸出はうまくいってません。原発もそうですけど、日本の、競争原理が働かない防衛企業って、一定の予算が与えられてね、その中で三菱、川重とかが分け合って「この予算で、これ作っとけばいい」みたいな環境でやってきたから、実戦能力でいうと「この戦車、使えるの？」。海外みたいに、例えばイスラエルのようにガンガン実戦で証明されている武器とは違うし、海外の規格に比べると型が違うものも。だから市場での競争になると、キツイんだろうなと思います。でもこれでいいと思うんですけどね。

――ただね、危惧するのは、今までの内閣は「GDP1％以内に防衛費を抑える」というのが国是で5兆円は超えなかった。ところがアベは簡単にこれを破ったでしょ。今までの内閣と違うことを考えだすのと違うかなと思いますが。

望月　今回、河野太郎前防衛大臣がイージスアショアを見送りましたね。ミサイルのブースターが敷地内に落下しないから、外へ出てしまうんで新たなミサイルシステムを開発するには10年、2千億円くらいかかると。

――だって敷地の外には民家も小学校もあるんやから。

望月　それでやめた後に、アベさんは「敵基地攻撃能力」と言い出した。「この体調では総理を続けられないから、辞めます」といった直後に。

――最後っ屁のような注文でした。

望月　防衛省を取材してると、高速滑空弾技術の開発、これは中国とかアメリカで進めているのですが、マッハ5とか6で飛んでくるもの。そんな技術の基礎研究をやると言って、予算もついて現実には敵基地攻撃能力の研究が始まっているんですが、これを安全保障戦略に書き込むっていうのは、周辺国への威嚇にもなるし、懸念も生じます。「日本には9条はあるものの、安保法制を整えてまたこれから何かするんですか」みたいな。あえて書き込むんだ、やるんだと、いかにもアベさん的なやり方。今までの9条があるんだ、平和主義でいくんだ、という日本のイメージからかけ離れたものをアピールしているな、と懸念しています。

――集団的自衛権の解釈を勝手にひっくり返したアベはボンボンだけれど、右翼的な人物なので、これだけはやりたかったんだと思います。スガになって今後、沖縄やイージス艦、敵基地攻撃能力などは引き継がれていくのでしょうか？

望月　沖縄に関しては、アメリカ下院の軍事小委員会で「辺野古は地盤沈下が起きるんじゃないか。軟弱地盤で、完成しても20センチくらい沈むんじゃないか」と。

――マヨネーズ状と言われてる。

望月　70メートルよりも下に杭を打ち込んだ事例はない。だから基地はできないんじゃないかという指摘もあって、アメリカ側でも報告書はどうなっているのか、環境アセスは大丈夫か。つまり向こう側は「辺野古で大丈夫なのか」と懸念を持ち始めている。実はイージスが見送られた時に、同時に沖縄・辺野古に関しても、自民党の中谷元さんが……。

――元防衛大臣の。

望月　「辺野古に関しても軍民共用を考えるべきではないのか」。ちょっとこれまでの自民党とは違う路線ですね。また長島昭久さんとかも。

――元民主党で、自民党に行った防衛族のタカ派と言われてる。

望月　彼も辺野古新基地ありきだけではない、防衛の提案を始めてるんですね。防衛族側から、しかも長島さんはアメリカと太いパイプを持っている方なので、アメリカ側の懸念も辺野古については、出てきた。でもスガさんは「とにかく、やるんだ」と。特に沖縄については官房長官時代から「何としても工事をやる」と言い続けてきたのでね。

――故翁長雄志さんが知事の時代から、スガが担当してたもんね。それで「粛々とやる」とスガがいうので、翁長さんに「すごく冷たい言葉です」と批判されてね。

望月　そうでした。沖縄の銃剣とブルドーザーという歴史を知ってますか？と聞かれて、「僕は戦後生まれなんで」（笑）と答えてましたね。

——お前、そんなことも知らんのか。何年政治家やってんねん、と思いますが。

望月　逆にそういう歴史を学んでないから、辺野古に対してあそこまで冷たい態度を取れるのかな、とも思いました。

——辺野古は海兵隊の基地で、空軍は嘉手納でしょ。だから元々いらないと思いますよ、アメリカからすれば。

望月　そう分析している方も多いですね。必要があるのかと。

——これから海兵隊は順次グァムに移転するので、定員が1万9千人から最終的に2千人に激減する。なので「そのまま普天間を閉鎖できる」と思いますよ。

望月　人数的にはそうですね。

——なんでいらないものを作ってるんだ！と抗議するメディアは沖縄の2紙くらい。

望月　防衛省を取材してると、逆に防衛省が泣きついて「行かないでくれ」と言ったんじゃないかと。そんなことを言う人もいますね。

——私も、どちらかと言えば「日本側が作りたい」のだと思っています。莫大な利権があるので。アメリカとしては日本が作ってくれるのなら「使ってやろうか」みたいな。

望月　利権と「沖縄に米軍基地がある」という対中国との関係での防波堤にしたいと思っているんじゃないかな。

——辺野古問題の核心は「埋め立てゼネコン」の利権ではないか？　自民党の御曹司を抱える会社が

工事を受注してますし。

望月　利権もあるでしょうね。

スガ政権打倒のノロシを上げ続けて

——今までは基地建設をはじめ軍事費を増大させてきた日本ですが、コロナが襲ってきました。今後はイケイケドンドンで経済を回すということが難しくなってくると思います。コロナ後の社会は、どうあるべきだと考えますか？

望月　雇用が悪化しています。今後、ワクチンができて、処方薬も充実してくれば、経済活動は元に戻っていくとは思うのですが、人々の心の中で失われたものが回復するのは難しいのではないか。例えば芸能人を含めて自殺者が増えています。女性の自殺者も顕著に増えている。ステイホームなどの、今までと違う非日常の生活が訪れたときに、その人の心のケアをどうしていけばいいのか。自分自身も気づかないうちにコロナの中で無理をしたり、弱音を吐けないでいる。または弱音があるんだけれどもそれを伝える人がいなかったり。来年、21年の夏くらいまで、ワクチンが一部の人にしか届かない状態が続くでしょう。人々の心の中にできた隙間を埋められるようなものを、男女もLGBTも問わず、メディアの側から「こんな声がありますよ」と発信し続けなきゃいけないと思います。学校に関してちょっと良かったなと思うのは、少人数学級へ進みはじめたことでしょうか。

——「密を避けて」先生の数を増やす、と。

望月　検討が始まりました。先生自体も重労働で、心の病にかかる方も多い。少人数学級がすごくいいと現場の先生や子どもたちから聞くようになりました。コロナは不幸なことなのですが、不幸中の幸いというか、「少人数学級の見直し」が進めば、学校の先生や子どもたちの環境も少しは改善されるかなぁと思います。（その後、2025年までに小学校全学年を35人学級にすると決定）

――エッセンシャルワークと呼ばれる医療従事者や介護福祉士、学校の先生などにもっとスポットが当たるべきですよね。一番ブルシットな「要らんやないか」という仕事が軍事でしょ？　だから軍事費を削って、もっとエッセンシャルな仕事にその予算を回せ。これをみんなが気づきだせば、もう少しマシな世の中になるかなぁ、と思います。

望月　スガさんは「エッセンシャルワーカーが減ってるから外国人労働者を増やせ」という政策です。一方で外国人長期収容者への虐待に近い対応を海外から批判されています。不法就労といっても妻や子どもがいて、真面目に働いている人はすごく多いので、とにかく働かせる権利を与えることが必要です。日本人だけじゃなくて、いろんな人への人権上の配慮を進めておくということは、コロナ後の社会に必要なことです。スガさんは「中小企業の再編合併」とか「地銀の再編」などと強いことを言ってますよね。新たな構造改革によって産業を育てていくとしたら、そこで働く人々へのケアをしっかりやってもらいたいですね。

――F35戦闘機の購入に6兆円も使う。これをやめたら国民一人あたり、さらに5万円を配れます。方向性を変えないと。

望月　大学など教育の無償化も8千億円でできると言われていますよね。F35戦闘機購入の問題と調整すれば割と簡単にできますね。防衛省の予算をみてると「何でこんなにアメリカの武器を買わな

おうとしている。「言い値で」買いとダメなの」と思います。それも契約があるようでない。アメリカの思いのままに

――そんなところにもメスを入れながら、ぜひ今後もスガ政権と対決をして、スガ打倒のノロシを上げ続けてくださいね。今日はどうもありがとうございました。

望月　ありがとうございました。

（この対談は２０２０年10月6日に行われました）

アベスガ政治のウソを暴く

前川　喜平（元文部科学事務次官家）

スガ官房長官とのミーティングから始まった

――今回のテーマは「ウソつきはアベの始まり。アベスガ政治のウソを暴く」です。桜を見る会の問題では、国会でなんとアベが118回も「事実ではない答弁」を繰り返していました。前川さんは事務次官として国会答弁をされた経験がありますよね。国会でウソついてもいいんですか？

前川喜平　良いわけないじゃないですか（笑）

――国権の最高機関ですからね。

前川　主権者は国民、だから国民に正直に説明しなければいけない。政府がウソをつくってことは、一番やってはいけないことです。「息を吐くようにウソをつく」と言いますが、アベさんは口を開けば、ウソしか言わないような人でしたね。

――佐高さんは「ウソをつくのがアイツの商売なんだ」（笑）と。

前川　商売になってましたか（笑）

――桜を見る会の名簿はシュレッダーにかける、前夜祭は秘書のせいにする、森友問題では佐川宣寿以下、官僚たちに忖度させて公文書を改ざんする、そんな人たちが「道徳の教科化」をしてきた。文科省におられて、これ、どう考えてますか？

前川　実はつながっているんですよ。確かにウソをつく人が「ウソをついてはいけないよ」と教えるのはおかしい。しかしね、道徳の教科書をよく読むとね、「ウソをつくな」というよりも、「上の人の言うことは聞け」。こういう話が多いんですよ。言われたことは自分で考えず、言われた通りにやれ。例えば「星野くんの二塁打」。これは監督の指示に従わず、ヒットを打ったら怒られた、という話。

——確か、バントしろ、という指示が出ていたのに。

前川　そう。上の人の言うことを聞け、と言う話。ですから上の人がウソをついていたら、お前もウソをつけ、こういうストーリーになっちゃうんです。

——「私や私の妻が関係していたら、総理大臣を辞める」と言ったから、公文書を消せと。

前川　あそこから改ざんが始まっている。アベさんがあの発言をした後、佐川さんはじめ、財務省の幹部が、スガさんのところに集まってミーティングをしたんですよ。

——えっ、そんなミーティングがあった？

前川　集まったのはスガさんのところ。いったい何の相談をしたのか？　これはブラックボックスなんですが。でも時系列的にみると、その後から改ざんが始まっているんです。「私や私の妻が…」と「公文書改ざん」の間に、スガ官房長官とのミーティングが入っている。

——これは知らなかった。

前川　言ってみれば、スガさんはアベさんの尻拭いをずっとやってたんです。アベさんが私物化をあちこちでやって。

――モリカケ桜。

前川　それらをウソで言い逃れしようとして。そうした疑惑を記者会見の場で、一応矢面に立ってね、ほとんど聞かれたことに答えないというやり方で。

――そうでしたね。「その指摘は当たらない」とか「お答えを差し控える」と。

前川　そんな尻拭いをしてたのがスガさん。

――スガの腹のなかでは、「クソ、アベもアッキーも問題ばかり起こしやがって」（笑）と。

前川　思っていたでしょう、それは（笑）

――花見に行きやがって（笑）

前川　ボンボンの、能天気なヤツめ、と腹の底では思っていたでしょうね。

――間にスガとの面談が挟まっていて、そこから公文書の改ざんが始まったということは大手メディアはほとんど報道してませんね。

前川　まぁ報道したのかもしれないけれど、ほとんど忘れられてますよね。忘れていない人は一部いますよ、私をはじめとしてね（笑）。追及の手を緩めたくない人々が。

――忘れたらあきませんね。ウソをつく、ということで言えば、今日の「朝日新聞」に「桜を見る会の前に1月20日あり」と出ていますね。

前川　これは2017年の1月20日なんです。国家戦略特区の仕組みの中で。

――加計学園問題ですね

前川　そうそう、獣医学部の新設が正式に認められた日なんです。内閣総理大臣が決裁をした日。

アベさんが「加計学園の獣医学部新設計画をいつ知ったのか？」

――国会で質問されてましたね。

前川　そう問われてこの決裁の日「1月20日に初めて知った」と。

――そんなわけない。だって14回もゴルフしてたわけでしょ、加計さんと。

前川　ゴルフも、会食も、バーベキューも（笑）

――缶ビールでバーベキュー。萩生田さんもいましたね。

前川　いました。その間、一切獣医学部新設の話はしたことがないとずっと国会で答弁してた。

――ナイスパー！とか言いながら、今治だけは禁句だった（笑）

前川　前回の対談でも述べましたが、これは明らかな反証がある。18年5月、愛媛県が役所の中に残っていた公文書を、参議院の予算委員会にゴソッと出した。これによると15年2月25日に加計理事長とアベさんが15分間面談し「そういう新しい獣医大学の考えは、いいね」と書いてある。

――そうそう、「いいね」と言ったんですよね。

前川　知ってるわけです。それも15年2月25日という日付入りで。

――2年も前じゃないですか。

前川　2年もウソついてるわけですよ（笑）

――7年8カ月も、ずっとウソをつき続けていたので、ウソに慣れてきたのかな？

前川　おそらく生まれた時から（笑）

――そうかも知れませんね。

前川　そういう子だったんじゃないかな。あの時点で成功体験を6年間積み上げていたから。

やる気を失ってるんだと思います

――自分の行動に責任を取らない。小学校の宿題も、「婆や」がやってたんかな（笑）

前川　その辺は平沢勝栄さんが知ってるんじゃないですか。

――家庭教師やってましたからね。つまりアベは平気でウソをつく。この「朝日新聞」の記者も「1月20日はウソだ」と書いてますが、後から検証すれば「誰にでもわかるようなウソ」です。そしてバレたら部下のせいにする。そんな政治が長く続いたので、ウソが進化して（笑）「ウソではないけれど、ウソのような答弁」いわゆる「ご飯論法」が出てきた。「今日は朝ごはんを食べましたか？」という質問に「食べてません」。でも実際にはパンを食べている。国会でのこんな答弁、前からありましたか？

前川　前からありましたが、アベ政権になって激しくなった。もう一つ激しくなったのは「お答えを差し控える」ってヤツ。「ご飯論法」は一応答えたフリはするわけです。

――事実とは違うことを言ってるんですけどね。

前川　いえ、「ご飯論法」はね、ギリギリ事実を言ってるんです。虚偽答弁にならないように。

――でもパンは食べてるんでしょ？

前川　白いご飯は食べていない。これはウソじゃないでしょって。

――高等テクニックですね。

前川　法政大学の上西充子教授が、厚生労働大臣だった加藤勝信さんに。
――今の官房長官ですね。
前川　あの方の答弁を指して作った言葉なんです。非常にうまい命名だと思います。すれ違い、ごまかしの答弁。これは私も役人時代にやってましたよ(笑)
――そうですか。
前川　聞かれたことをピンポイントではなく、ズレてることを言って、答えたフリをする。でもこれは質問者が二の矢、三の矢を継げる。「それ答えになってませんよ。私の聞いてるのはこれなんだ」と追及できます。しかし「答弁を差し控える」というのは二の矢を継げない。「なんで答えられないんですか？」と聞けば、「刑事事件として捜査中ですから」とか「(ホテルの)営業の秘密があります」「仮定の質問には答えられない」とかね。理由はなんでもいいんです。それらしい言葉を付け足して「答弁は差し控える」と言えばいい。
――この間、それ、多いですね。
前川　ものすごく増えています。答えない、という答え。さっきから「ウソをつくのは政府としておかしいだろう」という話が続いてますが、説明責任で言えば、答弁しないっていうのはウソをつくのと同じくらいの問題です。
――アベになってから「質問通告がないから答えない」と逃げることも増えています。これって答弁拒否の理由になるんですか？
前川　「質問通告をしなければならない」という法律はないのです。通告がないから答えないという理由にはならないです。

――むしろ「ガチンコ国会」であるべきでは？

前川　そうです。ただ、具体的な数字を問われる場合、例えば文科省でいえば「昨年度の小中高校の自殺者は何名であったか」と聞かれた場合、質問通告があれば、事前に調べて答えることができますね。通告がなければ「分かりません。答えられません」となります。

――でも「次の質問までに調べてお答えします」と言えばいいだけの話。

前川　そうそう。ところが政策論をしている時に「質問通告がないから」はダメ。桜を見る会の前夜祭は、アベさんの事務所の話ですよ。自分の後援会の話なのに「質問通告がないから答えられない」と逃げるのは、ウソつくのと同じくらい許されないこと。

――前夜祭の補填は、ポケットマネーで払ったことになっています。それも秘書が勝手に支払った。

前川　もし秘書が勝手にやったんだとしたら横領じゃないですか。あり得ないでしょ（笑）

――アベが、秘書を訴えなくてはいけない。

前川　何百万円というお金ですから。例えば秘書が事務所を回していくのに月に10万円、20万円程度のお金を「君の裁量で使っていいよ」というのならわかるけど、７００万円、８００万円のお金を好きに使えってあり得ない。

――部下に責任をなすりつけるため、あり得ないことを言い張る。前川さんは現職時代、そんなアベスガ政治に「面従腹背」で仕えてはったんですが、最近、国家公務員、いわゆるキャリア組の途中退職が増えましたね。やはり「やってられるか！」という怒りがある？

前川　そう、やる気を失ってるんだと思います。官僚になる時にはある種の使命感とか、期待感や責任感を持っていたはず。どんどんそれらが裏切られていって、つまらない仕事ばかりさせられる。それでもいつか「国民にとって喜ばれる仕事ができるかもしれない」と耐えられるかも知れない。しかし「総理大臣のウソに付き合わされる」「ウソをウソで塗り固めるために、役所までウソをつかされる」となれば、もう、耐えられなくなってしまう。公文書の捏造や改ざん、廃棄まで行けば、本当にやる気を失いますよ。「なんのためにここで仕事をしているんだろう？」と。

だから言葉を濁したんです

――前川さんの場合は、教育勅語でしたね。下村博文大臣が「教育勅語を活用しよう」と言った時に、なんとかそれを避けるように、避けるように、と。

前川　あれは苦しかった。14年4月に和田政宗さんという、かなりネトウヨ的な自民党の議員が「学校で教育勅語を教材として使うべきだ」という質問で、その通告があった。おそらく和田さんと下村大臣の間で事前に意思疎通があったんだと思います。

――右翼つながりで。

前川　この答弁は役人である私がする予定だった。この時「初等中等教育局長」でしたので。用意したのは従来通りの答弁。「教育勅語は日本の教育理念を示すものとしては効力を失っています。学校教育の場で教材として使うことは適切ではない」

――だって戦後すぐ、教育勅語を認めないという決議が上がってますからね。

前川　１９４８年６月に衆議院と参議院で。衆議院では「憲法に違反する文書なので排除する」

――最後には天皇のために命を捧げよ、というものですからね。

前川　個人の尊厳も、国民主権も否定する文書です。参議院では「教育基本法ができたので失効している」。いわゆる失効確認決議を行っています。

――つまり教育現場では「使わない」と、国の意思として決まっているのですね。

前川　ハッキリとした国の姿勢。だから今まで通りの答弁を用意していた。局長答弁だし、従来と変わらないんだから、私はそのまま答弁しようと思っていました。普通は国会が始まる前に「朝の大臣レク」をやるんです。大臣に、大臣の答弁を説明する。つまり局長の答弁までは説明しない。ところがこの時には「局長の答弁も見せろ」と言われました。

――下村が？

前川　それで、見せたところ「これじゃダメだ」。その場で下村さんの口述筆記みたいな形で「この通り答弁しろ」。答弁を全面的に書き直させられました。その中身は「教育勅語の中には現代にも通用する普遍的内容があるので、これに着目して学校の教材に使うことは差し支えない」と。

――それまでの答弁と全く違うじゃないですか。

前川　書き直して持ってこい、と言われたんです。上司の命令ですから、やむなく書き直して作ったんです。でもね、いざ和田さんが質問して、この答弁書をそのまま読むことはできなかったんです。

――良心がうずきますよね。

前川　お前、これをそのまま言っていいのか、と。途中まではその通り読んだんです。「今日でも通用する」という部分まで。でも「普遍的な内容」のところが読めなかった。だって「普遍的」ではないんですから。教育勅語は約50年間しか通用しなかった。その50年の間の、極めて特殊な日本の国でしか通用しなかったものでした。

――天皇制国家の、絶対服従。

前川　普遍性などどこにもない。「学校で使用することは差し支えない」という部分の「差し支えない」という言葉も出てこなかった。差し支えありますから（笑）。だから言葉を濁したんです。「学校で使うことも考えられるのではないかと考えられます」（笑）みたいに、ムニャムニャっと。下村さんからみれば腰砕けの答弁。私の答弁を後ろで聞いていた下村さんが、すぐに手を挙げて、書き直させた答弁を自分自身で言ったんです。「普遍的な内容があるから教材として差し支えない」。これは戦後初めて。この答弁はその後、「質問趣意書の答弁書」として閣議決定にもなっています。

――えっ、閣議決定に？

前川　17年3月。閣議決定で「教育勅語を学校の教材として使うことはできる」。ただし「憲法、教育基本法に反しない限りで」という前提はついてるんですが、元々「憲法や教育基本法に反する」って言ってたわけですよ。

――反するから使えないのでしょ。

前川　ある意味、これは解釈改憲なんですよ。憲法上使えないと言ってたのを、使える、と変えちゃった。

——振り返ってみれば14年、15年というのは安保法制もあって、稲田朋美とか、すごく右寄りの人が大臣になってたりしました。

前川　稲田さんは教育勅語信奉者でしたね。

——閣僚のほとんどが日本会議で固められていた時代。一番悪い時代に答弁させられていた(笑)

前川　ひどい時代ですよ。アナクロニズムというか、時代を80年巻き戻そうとするような。

霞が関は『なんでも官邸団』

——前川さんはギリギリのところで抵抗されていたと思うのですが、後輩たちはそんな前川さんの背中を見ていて、「こりゃ、ダメだ」と。おそらくヘッドハンティングもされているでしょう。そんな後輩たちが辞めていく。本来なら「国民のために頑張ろう」と、民間企業、つまり利潤だけではなく、自分の仕事と国民の生活をリンクさせて、向上させたいという志があったはず。そんな優秀な人材を失っていくのは、国にとっても、国民にとっても、もったいないことですね。

前川　国家公務員の総合職、キャリアと言いますが、同じくらいの学歴で能力持っている人が民間企業に行けば、生涯賃金は2倍くらいもらえますよ。

——外資系の金融とかね。

前川　2倍どころではない。5倍、10倍稼げるでしょう。あえて国家公務員になるって人はね、それなりの使命感を持っているはずなんです。

――自分の学んできたものを国のために使いたい、という夢もあるでしょうし。

前川　それがくじけちゃう。今の霞ヶ関の上の人たち、次官とか審議官のほとんどが「ヒラメ状態」。官邸の権力者に媚びへつらうしかない。

――逆らった前川さんが「出会い系バー」で記事を書かれて、逆らわずにコネクティングルーム行ってた人が（笑）出世してるのを下から見てたらね、これ、「逆らったらアカンな」と思いますよ。

前川　和泉洋人さんの場合は権力そのもの、権力の中に入っちゃてるからね。

――新聞の首相動静を見ると、毎日のようにスガと会ってますね。

前川　スガさんが頼りにしている数少ない腹心の1人でしょう。間違ってもコネクティングルームで失脚することはない。

――最近、スガは機嫌が悪いらしいです。人気が落ちてきて。周囲に当たり散らしてるのと違うかな（笑）。そんな中で唯一と言っていいくらいの、頼りになる側近。

前川　そうでしょうね、もう1人挙げるとすれば、杉田さん。官房副長官の。

――国民にすれば最悪ですよ。警察庁上がりで情報を盗み取ってきたような人と、税金使った視察で愛人とコネクティングしてる（笑）人。

前川　そんな人たちが力を持ってしまって、言いなりにならなくちゃいけない。これが今の霞ヶ関。だから私は「今の霞が関は『なんでも官邸団』だ」（笑）と言ってるんですよ。

――官邸と鑑定（笑）

前川　若い人たちはもう「やってらんない」と。

——この話を続けてると、どんどん「暗ーい気持ち」になりそうです。どこかで展望を見出さないといけませんね。

私から見れば「歴史捏造主義」

——次に従軍慰安婦の問題についてお聞きします。1990年代まで、これは教科書で結構大きく取り上げていた。しかしだんだん記述が小さくなり、ついには消えてしまった教科書も。こんな中、一つの教科書会社だけが取り上げていた。その後、この会社が倒産に追い込まれたと聞きました。これ、どんな経過があったんですか？

前川　まず従軍慰安婦の問題は、政府としてちゃんと反省する、謝罪もするという姿勢を見せたわけです。93年の河野談話でね。

——結構、有名です。河野談話って。

前川　河野洋平さんが官房長官の時に。しかも「この事実を次の世代に教育を通じて伝えていく」と約束しているんです。だから教科書に載せるのは当然のこと。多くの中学校、高等学校の教科書は、この従軍慰安婦の問題を取り上げて、その内容を書き込んだんです。ところが、反発する人たちがいた。

——日本会議系の。

前川　その時はまだ日本会議はできてなかったけど、その前身にあたる団体がね。

——その親玉がアベシンゾー？

前川　その頃はまだ若造だった。アベ若造（笑）。昭和初期の日本の植民地支配や侵略戦争を直視して、反省しようという態度。これを敵視する。自虐史観だとか言ってね。

――そうそう、自虐史観と言ってました。

前川　そういう人たちが大同団結したのが日本会議です。1997年のことでした。同じ97年に、自民党議員の中でタカ派と呼ばれる人たちのグループができました。「日本の前途と歴史教育を考える若手議員の会」。初代の会長は、その時若手であった中川昭一さん。

――イタリアのG7で、ワイン飲んでへべれけ会見をした人。

前川　もう亡くなられましたけどね。この時の事務局長が安倍晋三さん。

――この中川&アベコンビがNHKを脅迫して、慰安婦問題のドキュメンタリーを改変させたんでしたね。

前川　そうそう。その動きの中心にいた。今もこの会は続いていて「日本の前途と歴史教育を考える…」ただし、「若手」が取れて（笑）、「議員の会」になってますが。

――へぇー、今でもあるんですか。

前川　あります。今の文部科学大臣の萩生田さんもメンバーです。彼は自分の事務所に教育勅語を掲げていますから。

――そうでした。これ、前川さんのツイッターで知りました。筋金入りやな、萩生田も。

前川　私から見れば、国家主義的な道徳教育と歴史修正主義的な歴史教育を進めようとしている。日本語でいうと「修正」ですが、これは歴史学がちゃんと検証したことをねじ曲げようとする、歪曲、改ざん、捏造ですね。だから「歴史捏造主義」と言ったほうがいい。

――従軍慰安婦は存在したし、ひどい目にあってきたことは事実ですからね。

前川　軍の関与もあった。

――中曽根元首相が認めてますよね。

前川　中曽根さんは「自分で作った」と自慢話をしている(苦笑)。語るに落ちるって話です。だから90年代、特に93年の河野談話以降は、教科書に記載されてきたんです。だって政府が認めているのですから。ところが「けしからん」という人たちが出てきて、教科書会社に圧力をかけてくるんです。採択させないと。

――教育委員会に採択してもらえないと、教科書会社はやっていけませんからね。

前川　市町村単位で、自虐史観だ、こんな教科書は使うなと、日本会議系の市会議員、町会議員たちが圧力をかけてくるんです。

――だから育鵬社を使え、と。

前川　政治の圧力が強まったために、従軍慰安婦を書いた教科書が採択されなくなりました。

――採択されなければ、教科書会社は?

前川　潰れます。

――そうなると教科書会社は縮みあがりますね。それで「パン屋がけしからん」と言われたら、「和菓子屋に変えました」と。

前川　政治の圧力に負けちゃうのです。ただ1社だけ、書いているところがある。「学び舎」というのですが。この「学び舎」は公立の中学校ではあまり使われていませんが。

――確か、神戸の灘中で使ってる。

前川　私の母校の麻布中学校でも。

――超進学校では使ってるんですね。

前川　「学び舎」を灘中が採択したとき、たくさんの圧力がかかったと言われてます。

――ネトウヨ的な議員が、結構いますからね。

前川　灘中出身の議員も、母校を脅かしたとのことです。

1日307万円、2千日以上使ったスガ官房機密費

――次に黒川弘務さんの定年延長問題についてお尋ねします。「官邸の守護神」と言われ、アベ、甘利、小渕など、様々な事件を不起訴にしてきたと言われています。この方と同じ時期に官房長、事務次官だったんですね。どんな人物なのですか？

前川　有能な人ですよ。

――それなりの交渉術があった？

前川　おそらく検察官としても優秀な人だと思います。役人としては極めて優秀。いい意味でも悪い意味でも。

――クロちゃんがいないとダメなんだよ、とか言われてきたみたいですね。

前川　私も官房長や事務次官を、心ならずもさせられたんですが、この仕事は政治とつきあわなけ

ればいけない。政治家との関係をうまく転がしていく能力が必要なんです。

——それに長けていた。だって民主党の時代も重用されていたんですから。

前川　政治家から見て、非常に重宝されるタイプ。それが重宝されすぎて（笑）。官房長を5年くらいやったんでしょ、信じられないですよ。

——普通はあり得ないことですか？

前川　いくら長くても2年。私の場合は1年半くらい。私が官房長の時代に、彼も官房長だったし、事務次官の時も事務次官。彼は合わせて7年以上やってるんです。

——一度、四国の松山に飛んだ時も、すぐに戻されたと聞いてます。

前川　私は、事務次官は7カ月しかやってない（苦笑）

——黒川さんと対照的に描かれているのが、今回検事総長になった林眞琴さん。林さんとはフランスに派遣された時代に一緒だったとか。

前川　そうです。1990年前後ですが、彼も私もフランス大使館に出向していました。この時は顔見知り程度だったんですが、帰国してから同窓会のようなものがあって年に1回顔を合わせてました。その後、「省庁再編」というのがありまして。

——大蔵省が財務省になる時。

前川　そうそう。98年から2000年まで、橋本龍太郎内閣の2年間くらいで、文部省と科学技術庁をくっつけて文部科学省にしたりとか。この時に臨時の組織が作られて、私はそこに出向させられて、自分の出身以外のところを担当させられるわけです。

――出身官庁なら、気心が加わりますからね。

前川　私は法務省を担当したんです。それで法務省と折衝する。この時の折衝相手が林さんでした。林さんは理詰めでものを考える人で、極めてスムーズに話が進みました。林さんは冷静沈着、簡単には妥協しない。だけど状況を見て、譲るべきところは譲る。非常に信頼できる人物だと私は見ています。

――その林眞琴さんがトップについた。その後すぐに、桜を見る会の前夜祭問題が出てきた。河井克行、案里問題もそうですが、黒川定年延長で「検察の人事に手を突っ込まれた」から、その反作用で、「検察も本気を出してきた」のではありませんか？

前川　それは、あるんじゃないかな。官邸対検察庁という力の駆け引きがあるんでしょう。

――検察の独立性が損なわれかねない事態でしたからね。

前川　検事総長の任命権は内閣が持ってますから、無理やり黒川さんを引き上げようとして失敗したわけですが、「人事権を盾にとって介入されたら困る」という気持ちは、林眞琴さんの中にあるでしょう。桜を見る会の前夜祭問題で、政治資金規正法違反で秘書さんが捕まったけれど、アベ前首相本人は捕まってませんよね。

――本人は不起訴になるだろうと言われてます。

前川　これは検察に、ある種の忖度があったんじゃないかと思っています。

――アベまで行かなかったのは、忖度があった？

前川　アベさんが指示したか、秘書さんと相談した上で、虚偽答弁をやったんだとすれば、これは自身が共犯者になるはず。

――公職選挙法にも違反してると思いますが。

前川　私もそう思います。あれは寄付行為に当たると思います。やはり本人を起訴しなかったのは検察に忖度があったと思います。

――検察に頑張ってほしいのは、河井事件に突っ込んで行ったら、「卵が出てきた」（笑）ので、今は桜も卵も。どれか起訴してほしいな。

前川　もっと探せば、もっとあるんじゃないですか（笑）

――スガだって1500円の会費でパーティーやってますから。2千人集めて、横浜のホテルでね。

前川　怪しいですよ。

――会費補填は、内閣官房機密費から出たんじゃないかと疑っています。7年8カ月、ずっと領収書なしで、ほぼ使い切ってますからね。

前川　82億円だったかな。

――1日307万円、2千日以上（笑）

前川　あれは本当に、何に使っているのか、明らかにすべきです。

――パンケーキにも使ってますね（笑）。記者にふるまって。

前川　少なくとも、例えば30年経ったら公開する、とかね、ルールを作るべきです。「30年だったらいいでしょう？　ワンジェネレーション経ちましたから」とね。私は10年でいいと思うけど。

――そうすれば、スシローに何回寿司食わせて、いくら使ったかが分かりますよね。

前川　スガさんは、権力が大好きな人です。権力って何かというと「人を意のままに動かす力」。本当に権力をちゃんと使おうとする人は、自分の言ってることに心服してもらって、「あの人の言ってることはもっともだ」と信頼された上で動く。これが本当の権力の使い方だと思います。スガさんの場合は明らかに恐怖心で動かす。一つは人事権を使って。二つ目が情報。いろんなスキャンダルを集めて脅かす。最後にカネだと思います。

――やっぱりカネの力は強い。

前川　この官房機密費は、確実に、権力拡大のために使っていると思います。

――だって7年8カ月も、ずっと官房長官だったんですから。

前川　80億円以上あったらね。

――使いきるのも大変ですよ、1日307万円！

前川　どのように使ったんだろ（笑）

――飲み食いだけでも大変です（笑）

前川　これは、と思う人に、ドカッ、ドカッと入れてるんでしょうね。

――だからテレビに出てくるコメンテーターのぬるいこと、ぬるいこと。

前川　昔、野中広務さんがチラッと官房長官時代の機密費について話をしたことがありましたよね。田原総一朗さんだけがカネを受け取らなかったと。それ以外の人はみんなカネをもらってたということですから。

――毎月1億円くらい現金で官房長官の金庫に入って、9千万くらいは勝手に使っていい。そりゃ、強いですね。

前川　お金ってのは人を動かしますよ。私だって、そう、10億円くれたら（笑）何するかわからない。

――僕なんか1億円で転びます！（笑）

国民全体に奉仕する公僕としての仕事に誇りを

――いままで黒川さん、林さんの話を伺いましたが、次に森友事件で公文書改ざん命令を出した佐川さん。彼は悪者になりましたが、結局、彼も被害者だったのかな、という気がします。

前川　被害者というか、「やられた」のでしょう。だから「アイヒマンにどういう罪があるのか」と同じ。

――ナチス親衛隊の。

前川　アイヒマンは「私は何も悪いことをしていない。言われたことを粛々とやっただけだ」と言いました。だけど、やったことはホロコースト。佐川さんも国民の信託に反することを、ずいぶんとやってしまった。特に決裁文書の改ざんというのは、言い逃れができない犯罪ですよ。国会での虚偽答弁もね。こちらも139回とか言われてますが（笑）

――最初からずっとウソを突き通して、雲隠れしたわけですからね。

前川　前半で話したように「改ざんも官邸の指示だったんじゃないか」と思われるフシがあるんです。勝手に忖度したんではなく。

――スガを中心として集まった会議の中で。

前川　やらされたんじゃないかな。虚偽答弁もね、アベ首相から指示があった、と言われている。

――直接、ですか？

前川　「もっと強気で行け！　ＰＭより」というメモ。

――思い出しました。そんな報道がありました。ＰＭというのはつまり……。

前川　プライム・ミニスター、総理大臣です。このメモを持って首相秘書官が、佐川理財局長のところにやって来た。予算委員会の席上でね。で、そこから強気の答弁が始まるわけです。「全部廃棄して、ありません」「記録は残ってございません」とか。私は、官邸にあのように振る舞うことを強要されたと見ています。

――アイヒマンは、捕まえてみたら「非常に凡庸な男だった」と言われてます。佐川さんも凡庸な人だったということですか？

前川　凡庸だと思います。むしろ小心な人。

――小心者なので、抵抗もできずに。

前川　僕だったらね、思いっきり総理のいいなりになりつつ、全部の文書を西谷さんに渡すとかね（笑）

――ミニコミラジオでは影響力が小さいので、すぐに文春に持って行きます（笑）

前川　僕だったら、そうしただろうな。

――佐川さんがもっと早く、そのように動いてくれていたら、赤木さんが自死しなくてもすんだかもしれない。

前川　赤木さんのような立派な公務員が犠牲になるって許せないですよ。

——私の雇い主は国民です、とおっしゃっていた。立派な方です。

前川　公務員の鏡ですよ。彼の場合は、私のような「二枚舌人生」（苦笑）を歩めなかったのでしょう。私は「面従腹背」してきたわけです。表向きは組織の命令に従うんだけど、心の中では違うことを考える。

——そうせざるを得なかったから。

前川　自分でできるときは抵抗するけれど、できない時は仕方がないと。おそらく赤木さんは近畿財務局の、自分の仕事が100%国民のためになると。つまり組織の使命と自分の使命が一致していたと思うんです。だから国民全体に奉仕する公僕としての仕事に誇りを持っていた。近畿財務局という役所にも誇りを持っていたと思います。これは公務員としてあるべき姿なんだけど、組織への忠誠心と自分に対する忠誠心が、決定的に乖離してしまった。

——そこで耐えられなくなってしまった。

前川　自分の正義が分断された。これに耐えられなくてね。私の場合は、最初から分断されていて（笑）

——妻の雅子さんが裁判されています。この裁判の中で真実が明らかになればいいですね。

前川　そう。誰か1人でも、例えば安倍昭恵さんの秘書だった谷査恵子さんとか。ああいう人が本当のことを言ってくれれば、ずいぶん真相に近づけると思いますよ。

――近畿財務局の直属の上司とかね。

前川　そう。

――出世したはりますけどね（苦笑）

前川　スガ官邸の巧妙なところは、「ヤバイ人間は出世させる」

――アメを配る。

前川　改ざんを直接指示した課長さんはイギリスの公使になってるしね。

自民党が政権を握っている限り、ウソがまかり通る政治が続く

――こんな恐怖政治、ウソがまかり通る政治ではダメですよね。最後に、このスガ政治を終わらせるためにはどうして行けばいいでしょう？

前川　国民のみなさん、今年は総選挙があります。今の政府はサヨナラしましょう。

――かなり支持率が下がってますから。スガはイラついてるらしいです。

前川　スガさんでは持たないと、自民党の中でもそう思っている人が増えたでしょう。どこがXデー、つまり退陣の日になるか。それは「二階さんが見限る日」（笑）だと。

――だいぶ、見限りかけてるのでは？

前川　じゃぁ誰にするんだ？と。代わりがいませんね。それを今、一所懸命考えているんでしょう。

――でも、河野太郎が来ようが、野田聖子になろうが、自民党政治が続いてしまう。これでは何も変わらないのでは？

前川　そうですね、今の時点で「スガさん、辞めろ」と正面切って言えないのでは、自民党には政権続ける能力はない、と思っています。昔の自民党だったら、これだけ首相が失策すれば、「お前辞めろ」という声が。

――昔は出ました。派閥から「辞めろ」とね。

前川　かつては自民党の中で「疑似政権交代」が起きていた。自民党の中に、改憲派もいれば護憲派もいた。政策がずいぶん違いました。

――「大きな政府論者」もいましたよ。しっかり福祉を守れ、とね。

前川　そう。自民党に多様性があった。だからこそ「国民政党」と言えた。

――今は違います。

前川　アベスガ政治にベッタリとくっついてきた人ばかり。自民党の中に対抗勢力がいない。今、話に出てきた野田聖子さんだって、幹事長代行になってしまい、二階さんにくっついている。それでスガさんのことを擁護したりしているわけでしょ。今、ここで「スガさんではダメだ」と言える人が自民党の中にいるんだったら。いるとすれば石破さんくらいかもしれない。私は思想的には石破さんとは真逆ですが(笑)。ただ石破さんは正直だと思います。

――総裁選挙の公約が、「正直、公正」でしたから(笑)。その意味では野党連合政権ができないと変わらない?

前川　私はそう思います。自民党が政権を握っている限り、ウソがまかり通る政治が続くと思います。

――そうですね。後から歴史を振り返って2021年がターニングポイントだった、という年にしたいですね。今日はありがとうございました。

前川　ありがとうございました

（この対談は2021年1月17日に行われました）

第 2 章

馬毛島基地問題は「逆森友事件」だ

西谷　文和（フリージャーナリスト）

2021年2月3日、大阪・伊丹空港から鹿児島県種子島に飛ぶ。鹿児島空港まではジェット機、そこからはプロペラ機で種子島空港まで行くのだが、伊丹空港はがらんとした体育館の様相。掲示板には「欠航」の文字が並ぶ。「これはひどい。JALもANAも潰れるかも」。思わず出たつぶやきとともに、アベ・スガ政治の失政の数々を思い出す。貧弱なコロナ対策のまま「観光業を救う」＝「実際は二階俊博幹事長の利権」で、「Go To トラベル」にこだわった結果、感染者が急拡大。スガ政治の大失敗で国民も医療、旅行業界もみんな苦しむという図式。アベスガならぬスカスカ飛行機を降りると「馬毛島への米軍施設に反対する市民・団体連絡会」会長の三宅公人さんが待っていてくれた。では三宅さんたちの案内で馬毛島に上陸してみよう。

日本史上初の火縄銃職人の子孫を訪ねて

「1543年、種子島に鉄砲伝来。覚え方は『以後よみがえる種子島』や」。社会の先生が黒板に種子島と書いた時、私は偶然この島に流れ着いたポルトガル船から、鉄砲が伝わったのだと思っていた。事実は偶然ではなく必然であった。温暖な気候、なだらかな平地に恵まれた種子島は農林水産業が盛んで、古来から豊かな島であった。人々の生活に余裕が生まれれば、産業も育つ。島で砂鉄が取れたこともあって刀鍛冶技術が発達していた。時は大航海時代、ヨーロッパからはるか彼方の極東までやってきた船は満身創痍である。どこかに船を修理してくれる港はないのか？　修理には金属加工技術が必須。傷だらけのポルトガル船が選んだのは種子島だった。

「パーン！」。島に上陸したポルトガル人が初めて鉄砲を撃った時、人々は腰を抜かしたに違いない。な、なんやあの飛び道具は？　貴重な鉄砲を譲り受けた種子島の島主は、模造品を作るよう刀鍛冶職人に命じた。苦労の末、日本初の火縄銃を作ったのが八板金兵衛（やいたきんべえ）。日本最初の火縄銃となった種子島銃は日本の歴史を大きく変えていく。戦国時代を勝ち抜くには「どれだけの鉄砲を所有しているか」がカギ。戦国大名たちはこぞって火縄銃を求めた。ちなみに馬毛島への自衛隊基地建設に反対して2期目の当選を果たした西之表市の八板俊介市長は、この金兵衛さんの遠縁の子孫である。

写真1　メインストリートの大看板。目立っていた

僅差で基地反対派が勝利

２０２１年１月31日深夜、種子島・西之表市の基地賛成派、反対派それぞれの市民はテレビにかじりつき、手に汗を握りながら開票速報を見守っていた。市長選挙の結果は、八板俊介５１０３票、福井清信４９５９票。その差わずか１４４票で基地反対派の現職、八板市長が再選されたのだった。投票率は前回の選挙を8・52ポイントも上回る80％超。島民の関心は高く、その意見はほぼ半々に割れている。それが証拠に西之表市市街地を歩くと、「私たちは反対です」「馬毛島自衛隊基地は全ての一般市民にプラスです」（写真１、２）の大看板。

私はこの光景に既視感がある。それは1997年の沖縄県名護市。辺野古への米軍基地建設をめぐっての市民投票だ。あの時も名護市の交差点に賛成、反対の看板が林立した。それまでのんびり仲良く暮らしていた島の人々が見事に分断されていった。「深夜、スナックで怒鳴りあっていた」「親族同士で対立し、法事ができなくなった」などの声が噴出、共同体に刻まれた深い溝は今も修復できていない。東京・永田町でアベ、スガたちが勝手に決めた基地や原発の建設は、残酷なまでに地元を分断する。

写真2　数少ない賛成派の看板。電話は通じなかった

次々と変わった馬毛島の活用計画

ではここで「馬毛島問題」の経緯を振り返ってみよう。

馬毛島は種子島の西方約12キロに位置する無人島。面積はわずか8・2平方キロメートルの平坦な島で、周辺の海域はトビウオ漁で有名な好漁場。無人島なのに島の中央には小中学校の跡地があり、舗装された道路や廃屋、なんと製糖工場の跡地もある。そう、かつての馬毛島は500人の人口を抱え、その住所は「西之表市馬毛島」であった。戦後の食糧不足から「二男、三男対策」として開拓民が移住を始める。しかし島での生活は厳しかった。島には小さな河川が1本だけ。飲料水の確保に悩まされ、せっかく育てた作物を今や絶滅危惧種の馬毛鹿（マゲシカ）に食べられてしまうことも多々あった。

農業の不振から島の人口が減少に転じ始めた１９７０年代、大規模レジャー施設を作ろうとした平和相互銀行が（株）馬毛島開発を設立し、島の土地買収に着手する。この時期オイルショックに見舞われた日本では、石油の安定的な供給が喫緊の課題となっていた。土地買収目的はレジャー施設から石油備蓄基地建設になり、追い出されるような形で人々が離島。１９８０年、馬毛島は元の無人島に戻ってしまう。石油基地の誘致合戦に敗れた後（鹿児島県志布志湾に決定）、平和相互銀行は右翼の人物を使って自民党に金をばらまき、自衛隊レーダー基地を誘致しようとするがこれも失敗。

１９９５年、立石建設（株）が馬毛島開発を買収、社名をタストンエアポート（株）に変更し、島の買収をどんどん進めていく。立石建設は豊かな森を伐採し、島を十字に切り裂く２本の滑走路を建設する（写真３）。宇宙循環機（日本版スペースシャトル）の着陸場、使用済み核燃料貯蔵施設など、「売れたらなんでもええんかい！」という悪あがき状態だ。そんな中、島は沖縄・普天間基地の移転候補地（辺野古に決定）になり、最終的に米軍のＦＣＬＰ訓練基

写真3　2本の滑走路が島の自然を破壊している

地の候補になったわけだ。

本国アメリカでも拒否されたFCLP計画がなぜ？

FCLP（Field Carrier Landing Practice）とは、「タッチアンドゴー」と呼ばれる米軍の空母艦載機による離着陸訓練のこと。空母の甲板は300メートルほどの長さしかないので、超音速で飛ぶF35やF18を急減速着陸させ、逆に急発進離陸させないと実戦で使用できない。何しろ着陸した戦闘機をワイヤーで止め、離陸の際には背中を押す加速器まで設置される。極度の恐怖に打ち勝つ度胸と経験豊富な技術がなければ空母への離発着は無理なのだ。したがって空母を持っている以上、この訓練は必須のことだ。

私はトルコからイラクへ飛び立つ米軍の戦闘機を見たことがあるが、耳をつんざく爆音だった。その騒音は民間機の数倍、いや数十倍に感じた。通常の滑走路による離陸でも耐えられない爆音がさらに急減速&急加速になり、それが延々と繰り返される……。想像しただけでも耐えられない事態なので、本国アメリカでも周辺住民から苦情が殺到し、訴訟にもなった。米軍はすでに自国でさえ、「タッチアンドゴー」をやりにくくなっている。つまり今回の計画は「アメリカ人がイヤだと拒否したことを日本人が受け入れろ」ということなのだ。

FCLPという言葉の意味はわかったが、それはかつてNLPと呼ばれていたのではなかったか？そう、かつてはNLP（Night Landing Practice）、つまり夜間着陸訓練と称していた。なぜ夜間なのか？　湾岸戦争やイラク戦争を思い出してほしい。ペルシャ湾の空母から飛び立った戦闘機は夜明

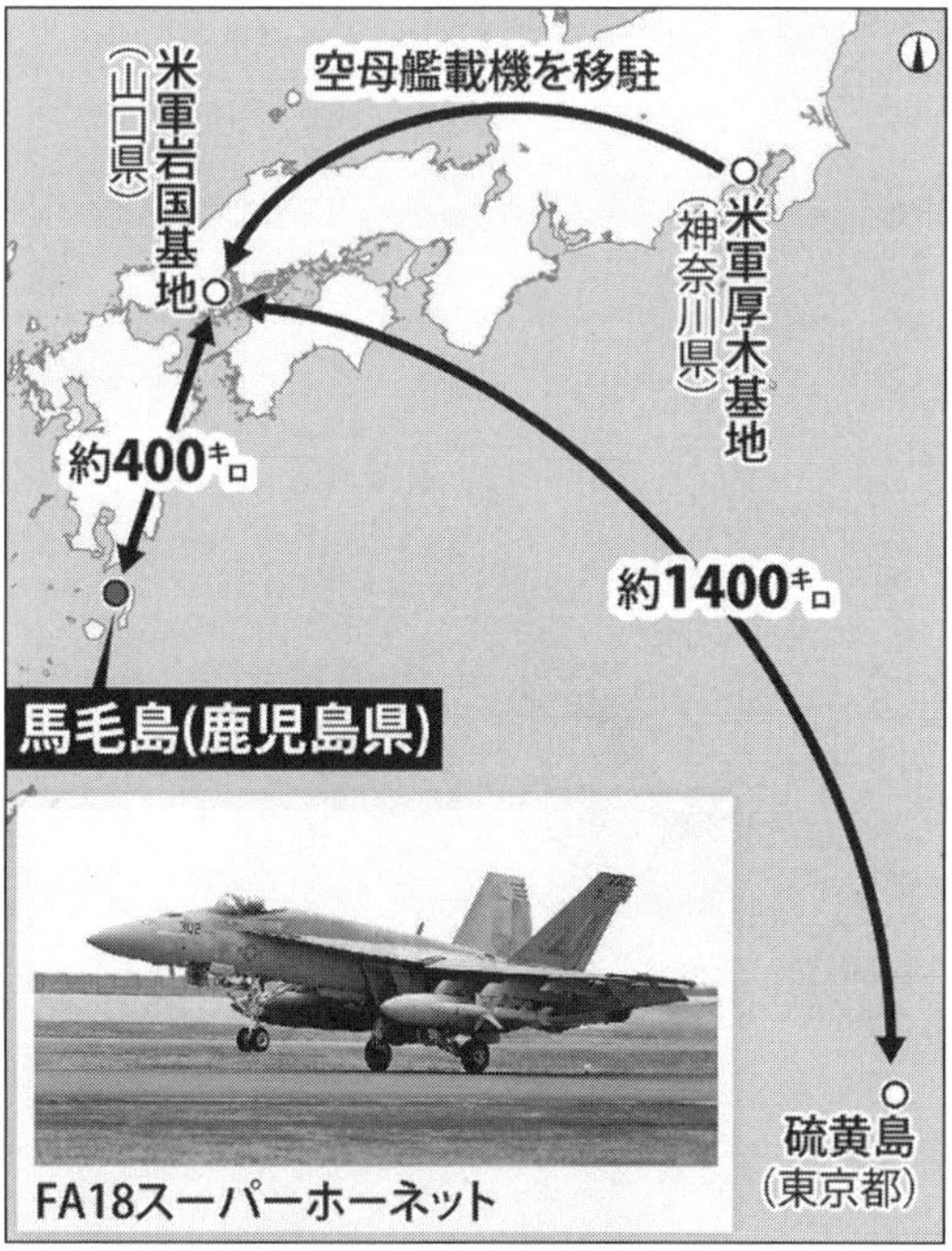
空母艦載機を移駐
米軍岩国基地
(山口県)
米軍厚木基地
(神奈川県)
約400キロ
約1400キロ
馬毛島(鹿児島県)
硫黄島
(東京都)
FA18スーパーホーネット
出所：防衛省ホームページ

け前のバグダッドに襲いかかった。敵の攻撃を避けるため空爆は夜間に行われる。ついでにいうとアフガンやイラクの米兵は「赤外線暗視スコープ」なるものを装着していて、夜間でもクッキリと敵の位置を把握している。タリバンと米軍では大人と子ども、いや大人と幼児くらいの実力差なのである。だからタッチアンドゴー訓練は主に夜間に行われる。より実戦に近い形で訓練しなければ米兵パイロットの命にかかわるからだ。

整理すると、ＦＣＬＰという名称で誤魔化してはいるが、深夜に、アメリカ人が裁判までして退けた爆音訓練施設を日本の税金で、しかも住居から10キロしか離れていない所に作ってあげましょう、ということになる。

以前は日本でのＦＣＬＰ訓練は神奈川県厚木基地で行われていたが、騒音がひどく苦情が殺到し、91年以降は厚木から約１２００キロ離れた小笠原諸島の硫黄島で行われてきた。その後、在日米軍の再編が行われ、山口県の岩国基地に移動した。その結果、岩国から硫黄島まで約１４００キロとなり、さらに遠くなった。「もっと近いところでやらせてくれ」。在日米軍の要請を受けて政府が目をつけたのが、岩国から400キロ、「無人島で滑走路のある馬毛島」だった（前頁の図）。

基地交付金で住民を切り崩す

「2011年6月、日米安全保障協議委員会、いわゆる2プラス2で馬毛島が正式に候補地になったんです。日本からは外務大臣と防衛大臣、米国は国務長官と国防長官の4名ですね。私たちはビックリして市民の3分の2を超える反対署名を集めました。当時は圧倒的に反対が多かった。でも防衛省はあきらめなかったんです。タストン社と極秘に買収交渉を進めながら、基地交付金というアメをちらつかせて地元住民を切り崩してきました。19年4月、2プラス2で馬毛島は「候補地」から「建設地」になり、私たち反対派も危機感を強めて『米軍施設に反対する市民・団体連絡会』を再結成し、30万筆を超える反対署名を集めて防衛省に提出したところなんです」。連絡会会長の三宅公人さん（写真4）が最近の動向について解説してく

写真4　米軍施設に反対する市民・団体連絡会会長の三宅公人さん

れた。種子島出身の三宅さんは医師となり、山形県の病院に勤務。全日本民主医療機関連合会の会長として医療現場を守る立場にあった。定年退職後は故郷で農業をやりながらのんびり暮らそうと考えていたが、そうはさせてもらえなかった。

写真5　種子島漁港を出発

写真6　ボーリング調査船（右）と馬毛島（左）

三宅さんから、漁師で民宿を経営する日高薫さんを紹介してもらった。反対派の日高さんは馬毛島生まれ。今は無人島になったが、廃屋となった自宅、学んだ小・中学校、釣りをした港、泳いだ海は日高さんの故郷だ。大阪から馬毛島問題を取材にやってきた私を漁船「里美丸」で馬毛島まで行ってくれるという。三宅さんは仕事で同行できないが、明日は奥さんの悦子さん、ドキュメンタリー映画「島を守る」を制作中の川村貴志さん、未菜さん夫婦、連絡会幹事の清水捷治さん、そして私の6人で島に渡ることになった。

写真7　港に近づくと警備員が出てきた

わずか1%だけの漁師の入会地へ

2月4日午前10時、種子島漁港（写真5）を出発した里美丸は真っ直ぐ西へと進路を取った。「今日は波が静かですよ。この時期は荒れることが多くて。西谷さんの貸切みたいな海ですね」（笑）。日高さんが悪運の強い（？）私をからかってくれる。赤い宇宙ロケット型の灯台を超えると外海。「えっ、もうあそこに？」「そう、あれが馬毛島ですよ」。西之表市からわずか10キロ。大海原に赤いビルのような建物が見える。「あれがボーリング調査船です」（写真6）。清水さんの説明によると20年12月21日、反対する住民の声を押し切って防衛省は海底の地質調査を始めた。環境アセスメントのために必要だと言う。私にはこれが「辺野古の失敗」に聞こえる。十分な調査もせずに基地建設を強行した辺野古の海底が「マヨネーズ並みの軟弱地盤」と判明する。埋め立てても埋め立てても沈んでいくサンゴの海。アホみたいな工事に多額の税金。「ここの地盤は大丈夫か？」防衛省が危惧したのは想像に難くない。

約50分の船旅で馬毛島に到着。無人島なのにマンションのようなビルが建っている（写真7）。「タストン社が建てたんです。滑走路建設の作業員用として。それが今や反対派住民を追い払う見張り小屋になっています」。清水さんの言葉通り、ビルから2名の作業員が出てきて、こちらをじっと見ている。1人は携帯で何やら話をしている。タストン本社と防衛省に通告し、私たちを蹴散らす旨の報告をしていたのだと思われる。大きなボーリング調査船の横をすり

写真8　基地反対を訴える漁師たちの看板

写真9　漁師の入会地を示す看板

抜けて馬毛島に上陸。

「そがんことすんなよ！ボーリング調査」「好漁場をこわすな」「馬毛島は漁業の島、宝の島」などの看板（写真8）の中に「ここは塰泊浦の共有入会地です」という看板が立っている。「あまどまりうら、と読みます。馬毛島の99％はタストン社の私有地だったのですが、1％だけ、つまりこの場所だけが漁師の入会地なんです」（写真9）。そうか、だから彼らはこの看板を取り外せないんだ。タストン社の見張りがこちらを睨んでいる。「ご苦労さま。今日はいい天気ねー」。三宅悦子さんが愛想よく見張りたちに声をかけるが、返答はない。

写真10　ドローンで空撮。この写真の右上方向に滑走路

「このあぜ道は西之表市の市道なんです。底地はタストン社が買いましたが、道路として残っている。『我々は通行する権利がある』と主張し、島の中に入ろうとするのですが、その度にあいつらが邪魔をする」。清水さんは見張りに構わず、スタスタと市道を歩いていく。私も後に続く。「ダメですよ。そこから先は私有地です。入れませんよ」。見張りが飛んでくる。清水さんと見張りの論争が始まる。ウゥ、この道の向こうにある滑走路を見たい。しかし見張りを無視して中に入れば「不法侵入罪」で訴えられる可能性がある。「この人たちも島の人間。争っても切

ないだけ」。清水さんの言葉に納得する。そう、本当に悪いヤツらは政府の中枢にいる。馬毛島基地は「スガ案件」とも言われているのだ。仕方ない、滑走路はあきらめよう。看板が林立する入会地に戻ってドローンを飛ばす（写真10）。あの森を超えて滑走路まで行け！　高く舞い上がったドローンだったが、「飛行距離限度です。これ以上は進めません」。無情な音声アナウンス。空中から撮影できたのは、原始の森と青い海だけ（泣）。

写真11　立石建設の赤錆びた重機と撮影を妨害する見張り人

4億円の無人島がなぜ160億円に？

入会地の背後に巨大な重機が放置されている。立石建設と大書された文字に赤茶けて錆びついた巨大重機。森林伐採の後に、このブルドーザーで整地作業をしたのだ。

ビデオカメラを回しながら重機に近づいていくと、さっきの見張りが血相変えて飛んでくる。「ダメダメ、入っちゃダメ」。両手を広げて撮影妨害（写真11）。「立石建設」の文字を撮影されたくないのだろう。見張りにカメラを向けると、顔を背けタバコをふかす。この人も「金で雇われただけ」なのだ。ケンカしても仕方ない。「あのビルに住んでいるのですか？　電気も水道もなくて大変でしょう？・」。撮影しながら声をかけるが、無視してタバコをふかすだけ。

後日、あの森を越えて島の中心へ、つまり滑走路の中に入った人に話を聞くと、「人のいない広大な空間に、長い滑走路と数台の錆びついた巨大重機。まるでSF映画の世界でした」。後述するが、なぜ4億円そこそこの無人島が45億円と鑑定され、160億円で売れたのか？　タストン社の立石勲氏がなぜ島の値段を吊り上げていったのか？　その理由の一つに「予想外に金がかかった滑走路工事」がある。強風が吹き抜け、塩害に悩む島では機械が簡単に錆びついてしまうのだ。しかし、それにしても160億円！　法外な価格だ。

日高さんの好意で、帰りは馬毛島を一周してから種子島漁港へという航路になった。海からの馬毛島は緑と黄色のツートンカラー。タストン社が違法に森林伐採を繰り返し、滑走路にした土地が黄色で（写真12）、その他はマゲシカが棲む豊かな森。大量の木々を根っこから切り倒し、汚れた土砂が海中に流れたため、漁場が荒れてしまった。日高さんたち漁師はその補償を求めてタストン社と裁判中である。

写真12　左側の平らな部分が滑走路

賛成派の「苦渋の決断」を取材しようと

2月5日、西之表市の繁華街をブラブラ歩く。私のような「アベスガ大嫌い反体制ジャーナリスト」が現場を取材すると、どうしても基地反対派ばかりの動向を追いかけてしまい、賛成派の意見を聞かないままルポを書いてしまう場合が多い。やはりここは賛成派の「苦渋の決断」についても取材するべきだろう。交差点にひときわ大きな「馬毛島の自衛隊誘致を真剣に考えましょう。尖閣と竹島を考えましょう。西之表と種子島の将来を考えましょう」という看板があった（写真13）。

写真13　種子島防衛協会を訪問するも留守だった

尖閣の「尖」が少しご愛嬌だが、「真剣に考えましょう」という姿勢がいいではないか。「よし、真剣に話を聞いてみよう」。勇んで事務所の扉を開けようとしたがギがかかっている。中をのぞくとコピー機や机、椅子が散乱し、明らかに「ずいぶん前に引っ越しました」状態。この事務所には「共存共栄！生き残りをかけて市の活性化を目指しましょう」という看板もかかっていて、その下に「種子島防衛協会」の電話番号。電話するも留守電。うーん、困った。仕方なく反対派の三宅公人さんに電話。「賛成派の方に取材したいのですが、連絡先わかりますか？」「いやー、それはさすがに……。そう、そう。選挙期間中、市長候補への公開討論会を企画した『これからの種子島を考える会』の八板陽太郎さんなら知っているかも」

「防衛大臣の言葉は信用できない」

連絡が取れたので八板陽太郎さんの事務所を訪問し、インタビューした。

――八板陽太郎さんはもしかして、八板俊輔市長の?

「兄です。4年前、そして今回の市長選挙を見守る中で危惧したのは賛成派、反対派がそれぞれの主張を一方的に宣伝している姿でした。島民の多くは迷っている。公開討論会を開くことで、本当の情報や候補者の本音などが引き出されればいいな、と。この公開討論会は、今後も継続して開催します」

――今の市長、つまり弟の八板俊輔さんは4年前に初当選されたんですね?

「そうです。2017年の選挙では6名の候補者が出て、4名が反対、2名が賛成でした。弟は2387票を獲得しトップだったのですが有効得票数の25%、つまり2543票に達しなかったため、再選挙になりました」

――えっ、そんな制度があったんですか?

「私も知りませんでした(笑)。まだ全国で5例しかないようですよ。再選挙は下から2名が辞退し、残り4名の戦いに。それで弟が2951票をとり267票差で当選しました」

――今回は144票差。どちらも大接戦でしたね。

「でも徐々に賛成派が増えている。同時に行われた市議会議員選挙の結果をみるとよくわかります。4年前は賛成3、反対7くらいの比率でした。今回は5対5。このままだと次の選挙で、弟は負けるでしょうね。勝つためには、基地化に代わる種子島活性化策を早期に具体化実現して、今回の賛成投票者がこちらに戻ってくるようにすることだと思います」

——本土から見てますと、馬毛島問題がマスコミにも出始めて、スガ政権の人気も下がっています。沖縄のように基地反対派が結構な差をつけて勝つのでは、と思っていました。

「それは甘い。今回は防衛省と自民党鹿児島県連が本気を出してきました。当初は基地賛成派が2人、反対派の弟と三つ巴だったのを、強引に一本化させた。お金も動いたでしょうね。相手の福井清信さんは商工会会長で元消防団長。つまり地域社会に溶け込んでいる人。『基地には反対だけど、地縁・血縁で断りきれない』人が多かった。逆に弟は現職とはいえ都会からの出戻りだし、周囲は『選挙の素人集団』です。通常ならば負ける選挙ですよ」

そうなのだ。防衛省と自民党という巨大組織が相手。八板さんたちは「馬毛島を軍事基地にするな」「種子島の豊かな自然と静かな生活を守れ」「基地化に代わる地域活性化策に皆で取り組もう」等の分かりやすいキャッチフレーズで対抗した。インタビューの途中で、八板さんは「本土の私たちからすれば信じられない事実」を口にした。

「昨年12月に行われた防衛省による市民説明会ではいろんな疑問が出ました。それで25項目の公開質問状を作ったんです。ええ、宛先は防衛省。騒音はどれくらいか、なぜ160億円になったのか、などですね」

——それで回答は?

「まだ返ってこないのです。20年12月22日に提出し、21年1月8日が回答期限。しかし1月8日に『もう少し待って』と返事があったきり……」

——えっ、今日は2月5日、1カ月もなしのつぶて?

「回答できないんでしょうね」

——でも普通なら「地権者と交渉中につき回答は差し控えたい」などの霞ヶ関用語で、せめて文書だけは出しますよ。そうでないと格好がつきません。

「種子島の住民を甘く見ているのでしょう(苦笑)。答えずに放置することで、島民があきらめるのを待っているのだと思います。『島民に誠心誠意対応する』という現防衛大臣の言葉は全く信用できませんね」

10年間で250億円の交付金に期待した賛成派

八板陽太郎さんの事務所には基地賛成で立候補されたお二人の選挙用チラシがあった。そこに連絡先が書いてある。まずは4年前の市長選挙で次点に終わり、今回は途中で立候補を断念した浜上幸十さんのご自宅を訪問した。

——浜上さんが基地賛成で選挙に立候補された理由は?

「そりゃもう、基地交付金ですよ。『読売新聞』の報道によると年間25億円、10年で250億円ですよ。西之表市の年間予算は130億円くらいです。だから25億もあれば、国保料や水道料金などを

値下げできるし、道路整備なんかにも」（写真14）

――過疎が進んで、商店街も閑古鳥ですからね。

「交付金に加えて自衛隊の宿舎ができるでしょ。そうなれば200世帯が種子島にやってくる。隊員に妻と子供が1人いたとすれば200×3で600人の人口増。これは誘致しないといけないでしょ？　でもこのままだと西之表市に宿舎は建たない、市長が反対してるから。基地賛成の中種子町に持っていかれるんじゃないかな」

――4年前の市長選挙は次点、今回は満を持しての立候補でしたね。途中で降りたのはなぜですか？

「自民党の上の方から言われたから。私は

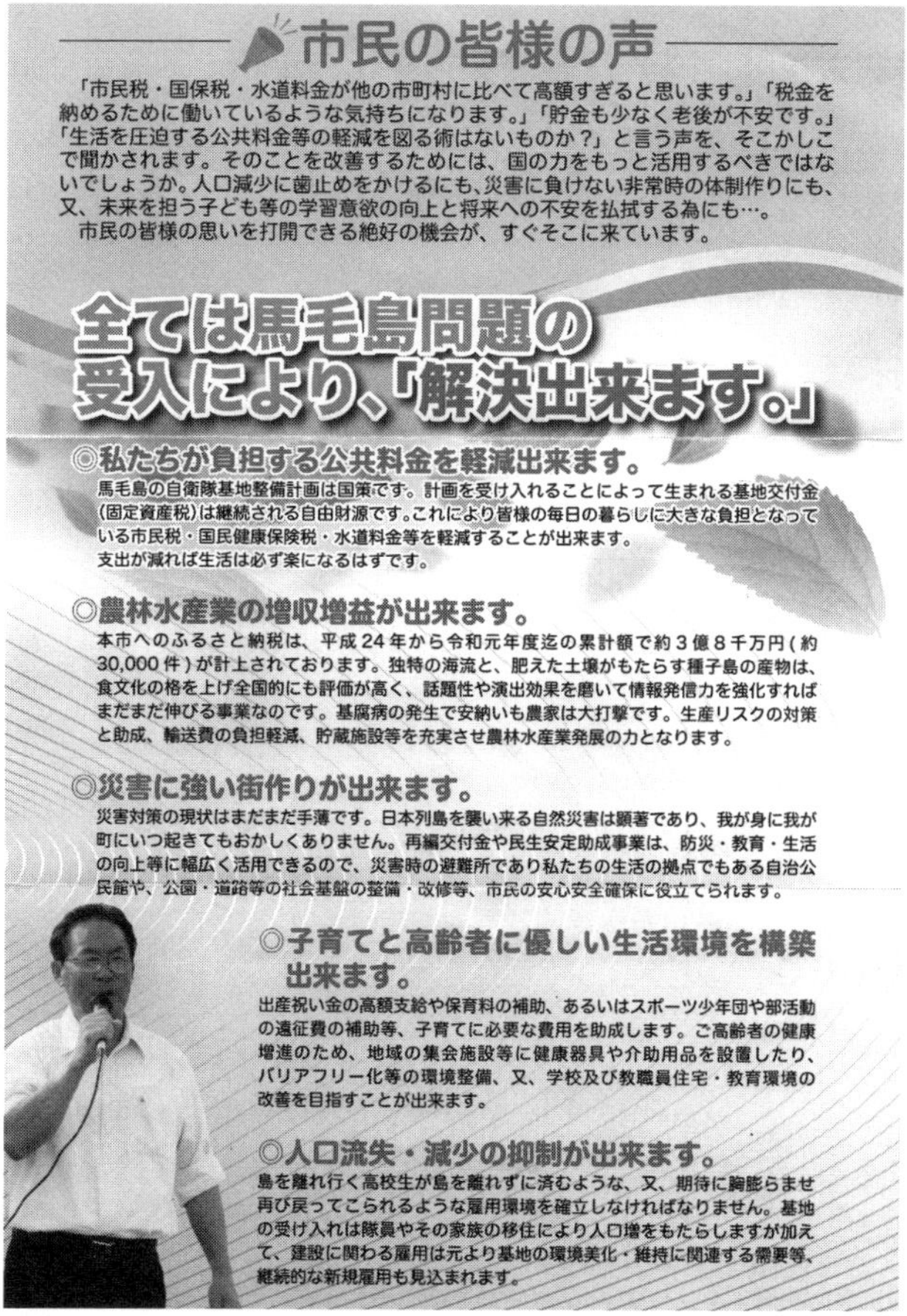
市民の皆様の声
「市民税・国保税・水道料金が他の市町村に比べて高額すぎると思います。」「税金を納めるために働いているような気持ちになります。」「貯金も少なく老後が不安です。」「生活を圧迫する公共料金等の軽減を図る術はないものか？」と言う声を、そこかしこで聞かされます。そのことを改善するためには、国の力をもっと活用するべきではないでしょうか。人口減少に歯止めをかけるにも、災害に負けない非常時の体制作りにも、又、未来を担う子ども等の学習意欲の向上と将来への不安を払拭する為にも…。
市民の皆様の思いを打開できる絶好の機会が、すぐそこに来ています。
全ては馬毛島問題の受入により、「解決出来ます。」
◎私たちが負担する公共料金を軽減出来ます。
馬毛島の自衛隊基地整備計画は国策です。計画を受け入れることによって生まれる基地交付金(固定資産税)は継続される自由財源です。これにより皆様の毎日の暮らしに大きな負担となっている市民税・国民健康保険税・水道料金等を軽減することが出来ます。
支出が減れば生活は必ず楽になるはずです。
◎農林水産業の増収増益が出来ます。
本市へのふるさと納税は、平成24年から令和元年度迄の累計額で約3億8千万円(約30,000件)が計上されております。独特の海流と、肥えた土壌がもたらす種子島の産物は、食文化の格を上げ全国的にも評価が高く、話題性や演出効果を磨いて情報発信力を強化すればまだまだ伸びる事業なのです。基腐病の発生で安納いも農家は大打撃です。生産リスクの対策と助成、輸送費の負担軽減、貯蔵施設等を充実させ農林水産業発展の力となります。
◎災害に強い街作りが出来ます。
災害対策の現状はまだまだ手薄です。日本列島を襲い来る自然災害は顕著であり、我が身に我が町にいつ起きてもおかしくありません。再編交付金や民生安定助成事業は、防災・教育・生活の向上等に幅広く活用できるので、災害時の避難所であり私たちの生活の拠点でもある自治公民館や、公園・道路等の社会基盤の整備・改修等、市民の安心安全確保に役立てられます。
◎子育てと高齢者に優しい生活環境を構築出来ます。
出産祝い金の高額支給や保育料の補助、あるいはスポーツ少年団や部活動の遠征費の補助等、子育てに必要な費用を助成します。ご高齢者の健康増進のため、地域の集会施設等に健康器具や介助用品を設置したり、バリアフリー化等の環境整備、又、学校及び教職員住宅・教育環境の改善を目指すことが出来ます。
◎人口流失・減少の抑制が出来ます。
島を離れ行く高校生が島を離れずに済むような、又、期待に胸膨らませ再び戻ってこられるような雇用環境を確立しなければなりません。基地の受け入れは隊員やその家族の移住により人口増をもたらしますが加えて、建設に関わる雇用は元より基地の環境美化・維持に関連する需要等、継続的な新規雇用も見込まれます。
写真14　賛成派の浜上幸十さんの政策チラシ

自民党員で、42年間警視庁に勤務していました。組織がいかに大事か、身に染みて知っています。命令を蹴ったら、組織に残れない。苦渋の決断でした」

――今後、基地問題はどうなっていくと思われます?

「粛々と進むでしょう。八板市長は『別の形で馬毛島を使おう』と言いますが絵に描いた餅です。島の99%が国の土地になっていて、FCLP以外に使えませんよ。山口県岩国市がいい例。基地反対の市長から賛成の市長に変わって、交付金が復活して130億円。キレイなサッカー場なんかが出来てみんな喜んでいるそうですよ」

――やはり交付金が出ると街が変わりますか?

「救急車が中種子町から西之表市に入った途端、スピードを落とすそうです。道が悪くなるから。西之表市は貧乏なので道路を整備していない」。「西之表市を走っているとタイヤがすり減るのが早いって、近所のタイヤ屋さんが言ってましたよ」と浜上さんの妻が付け加えた。

――昨日、国道58号線を走ってきましたが、そんなことなかったような……。

「国道ではなく市道は凸凹なんですよ。道路だけじゃない。例えば今、ボーリング調査してますが、その警戒船は1回出せば6万5千円。6時間で4交代。月に10回も船を出せば65万円ですよ。漁師も潤っています」

――反対派が海上に出て抗議するから、そのための警戒船ですね。10回出て月65万円は大きい。漁に出なくても大丈夫ですね。

「今年はキビナゴが採れないんです。だからキビナゴを追ってくる大きな魚もダメ。だからこのお金は貴重ですよ」

――今回の市長選挙を振り返って、若者は基地賛成が多く、年配世代は反対だった、とされていますね。

写真15　僅差で敗れた福井清信さん

「敗戦直後の学校教育を受けてきた世代が基地に反対し、それ以下の中年・若者は賛成が多かった。もうアメリカが日本を占領した時代じゃないんだから、米兵に対するアレルギーもなくしていかないとね」

――最後に全国のみなさんに訴えたいことは？

「馬毛島にＦＣＬＰの訓練基地ができたら、航空ショーが見れますよ。この部屋の窓から馬毛島が見えるでしょ。隣は民宿なんです。ぜひショーを見にきてください。騒音？そんなのすぐに慣れますよ。戦闘機は種子島上空を飛ばないので安心です。上空を飛んだら？　それはパイロットの腕が悪いだけですよ（笑）」

「この島をどうにかしてくれ」と頼みこまれ

浜上幸十さんに礼を言い、次に僅差で敗れた福井清信さんの事務所へ向かった。

――福井さんが立候補を決意されたのはなぜですか？（写真15）

「私は長年、商工会の会長をしてまして、農協や漁協、建設業会などから『出てくれ』とお願いされたんです。背景には経済問題。コロナもありますが、コロナ以前から街がさびれていて、人口が減っていた。昔は3万人、いまは半分の1万5千人を切ったのかな」

――高齢化も進んでますね。

「若者に仕事がない。高校を卒業して東京や大阪に出て行くのですが、帰ってきても仕事がない。状況を打開するには自衛隊基地が一番いい。雇用が生まれ、若者がUターンしてくれますよ」

――チラシには「新しい未来を創る」とありますね。

「何しろ基地交付金が10年で250億円ですよ。だから20年12月に防衛省に陳情に行きました。私が市長になれば国と協力して自衛隊基地を早期に建設しますと。岸信夫防衛大臣に陳情書を手渡しました」

――そんな中で賛成派の候補が福井さんに一本化されました。「勝てる選挙」でしたね？

「自民党の鹿児島県連あげて応援してくれました。青年会議所の若者たちや子育て中の母親たちも熱心に手伝ってくれた。『これは勝ったな』と思いましたよ」

――でも144票差で負けてしまった。敗因は？

「沖縄から共産党が多数やってきて大宣伝をしたんです。八板市長が共産党と政策協定を結んだから。それと『自衛隊基地ができたら、こんなに良くなりますよ』というアピールが足らなかったかな」

――ほぼ互角の戦い。今後はどうしますか？

「八板市長は当選するとすぐに『反対の民意が出た』と防衛省に意見書を出しました。でも民意の半分は賛成です。この後すぐに市長に対して抗議文を出す予定です。それと商工会として防衛省に陳情書を出します。内容は『自衛隊の宿舎を西之表市に建ててほしい』というものです」

——中種子町が誘致してますからね。

「市長が反対してるからそちらに持っていかれそうです。今の市長では西之表市はしぼんでいく一方です」

——4年後、また立候補しますか？

「もう一度挑戦したい、と思っています。もう1回勝負できたら勝つ自信があります」

——例えばもし来月に選挙があれば勝てますか？

「勝てます。私には若者たちがついています。交付金を利用しての学校給食の無料化や病院での窓口負担ゼロなど、子育て政策に力を入れましたから」

——街が賛成、反対に二分されたようです。例えば村祭りや地区運動会など今まで通りの行事ができますか？

「難しいでしょう。そうなってほしくはないのですが、市が主催する行事に若者が参加しないかもね」

——馬毛島に基地ができて10年間に２５０億円とのことですが、10年後はゼロになるのでは？

「ゼロにはなりません。基地が出来たら10年で終わらない。恒久的に使いますよ。だから交付金が途切れることはないと思います」

——失礼な質問かもしれません。福井さんは商工会会長、消防団長として「地域の顔」だったわけですよね。もし逆に選挙に勝っていたら、基地が早期に出来てしまいます。そうなれば反対派から恨まれてしまうことになる。批判の矢面に立つ覚悟はあったのですか?

「あります。今回は若者たちが『この島をどうにかしてくれ』と頼み込んできた。今の市長が何もしないから、立たざるをえなかったんです」

――最後に一言ありますか?

「敗れたとはいえ4959人の、つまり住民の半分の支持を得ました。この人たちの期待に応えたい。4年間は市長ではなく別な形で誘致運動を支えていきたいと考えています」

写真16　馬毛島通信社の猪狩毅士さん

福島から避難し反対運動を

取材の最後に、ぜひ話を聞きたいグループがあった。それは種子島に移住してきた人々。豊かな自然を求めてやってきた人たちに突然降りかかってきた基地問題。彼らは何を思い、何を感じているのか? その中の一人、「馬毛島通信社」を立ち上げた猪狩毅士さんを訪問した(写真16)。

――猪狩さんがここに移住してくるまでの経緯を教え

てください。

「2011年3月11日まで、私たち家族は福島県いわき市に住んでいました。まさか原発が壊れるとは思っていなかった。あれだけ『大丈夫です。壊れる確率は何兆分の1以下です』と宣伝してましたから」

――絶対に壊れません、という安全神話ですね。

「騙されていました。自宅のすぐ隣が双葉郡で政府は『逃げろ』と言う。しかしいわき市には避難指示は出なかったんです。道路挟んで向こう側が逃げているのに」

――放射能もウィルスも市町村の境界で止まってくれませんからね（笑）

「原発関係者の友人がいたんです。政府や東電からは何の情報もない中で、その友人が『ヤバイぞ、逃げた方がいい』と。それで奄美大島に避難しました」

――その後どうしたんですか？

「いわき市に一時帰郷しました。何しろ着の身着のままで逃げていましたから、自宅の荷物整理も必要だったし、息子は高校卒業してそのまま逃げていたので。あの頃、双葉郡では水道水は飲むな、窓は開けるな、換気扇は回すな。それなのに国は『いわき市は大丈夫です』というだけ。家族会議を開いて、結論は移住することに。もうすでに奄美に友人がいたのですが、もう一度改めて移住地を探そうと四国や九州を探し回ったんです。その中で種子島がダントツに良いということになりました」

――種子島のどこが良かったのですか？

「手付かずの自然です。奄美も沖縄も海岸がコンクリートで護岸されている場所が多いのですが、この島は自然のままで、人々も優しかった。観光客で行く分にはメンソーレと歓迎されるのですが、定住すると部落に入れてもらえない、というところも多いんです。しかしこの島はずっとウエルカムだった」

——種子島にはいつから住んでいますか？

「9年前、2012年からです。この家は木造で、作るのに3年かかったんですよ」

——えっ、自分でこの家を建てたんですか？

「私は美容師でしたが大工もやっていて、素敵な家でしょ」(笑)

——本当に。ペンションにしたら人気が出ますよ。それで9年前、ここに住み始めた頃は馬毛島基地問題を知らなかった？

「手書きのポスターで『馬毛島へのFCLPは許さない』というのが貼ってあって、へー、基地問題もあるんだ、と。しかしそれほど話題になってませんでした」

——その頃は沖縄の辺野古基地や高江のヘリパッドなどが注目されていて、馬毛島という名前はメディアにもあまり出てませんでしたね。

「島の売買を巡って水面下で交渉していた頃で、報道されてなかったんですよね。それと福島から移住してきたばかりでしょ。東電とのやり取りの中で原発容認派と反対派がいがみ合うような事態になっていた。もう政治問題はコリゴリだったし、こちらで島の声や虫の声を聞いてると、馬毛島問題に突っ込む気持ちにはなれませんでした」

移住者がいなかったら負けていた

――しかし、そうとは言ってられない事態になった。

「19年1月に政府は馬毛島を160億円で購入。『基地をつくるかも？』が『基地ができてしまうぞ！』に変わった。ここで火がつきました」

――その後、どんなことを？

「島の人たちの多くはまだ何が何だか分かっていない。情報が出てこないし、賛成、反対のぶっちゃけトークもない。移住者は例外なく反対だった。そんな時に八板市長が『失うものの方が大きい。基地はいらない』と言ってくれた。涙が出そうになりましたよ。この市長をなんとしても勝たせるんだ。とにかく立ち止まろう。そのためには八板さんをもう一度市長にしよう、と」

――下手したらもう1回移住しないといけない（苦笑）わけですからね。

「それで『馬毛島通信社』を結成して、ポスター、ビラ、街頭宣伝。ビラは8千世帯分作って全戸配布しました」

――えっ、全世帯に？　住宅が密集している都会では8千枚ってすぐに配れるけど、ここは過疎の島。よく配りきれましたね。

「8千枚を3回ですよ。それも一軒一軒訪問して、話を聞いてもらいながら」

――それで、人々の反応は？

「『本当なら、私たちがしないといけないのよ』と。でも『旦那が自衛隊関連で』とか『息子が賛成派の企業に勤めていて』など声を上げられない状態だったんです。『反対してくれてありがとう』という反応でした」

――その後、街頭宣伝を?

「自分の車にスピーカーつけて、約70カ所で20分ほど。『あきらめないでくれ～、迷っていたら、とりあえず八板に入れてくれ～』と」

――島の人たちの反応は?

「泣きながら家から出てくるんですよ、中には号泣している人も。ありがとう、ありがとう、と手を振ってくれて。私たちの気持ちを移住者が代弁してくれたと」

――猪狩さんたち移住者がいなかったら144票差がひっくり返っていたでしょうね。今後はどうなっていくと思いますか?

「今回の選挙は、『もっと金が欲しい人たち』と『自然を守ろうという人たち』が5分5分だった。エコロジストがかろうじて勝ちましたが、お金も大事。これからは自然を守ることをビジネスにしていかないとダメ。アオウミガメやマゲシカなど失いつつある自然を取り戻すことこそがビジネスになるような方策を考えるべきです。そうすれば賛成派も納得するでしょう」

――そんな話し合いができる場が大事ですね。島の人々が二分される中で、移住者が第三者的に仲介できればいいですね。

「そうなんですが、今回の選挙で私たちも敵を作ってしまった。『そんなに基地が嫌なら出ていけ』という声も」

――島の人は大らかだったのに……。基地も原発も残酷ですね。

「今回賛成派で当選した市会議員の中には個人的に親しくしている人がいます。政治的なこととは別に、人的なつながりを大事にしていけば、やがて打ち解けることもできるのでは、と思っています」

――この10年、猪狩さんの行くところに原発、そして基地。なんでお前ら付いてくるねん（笑）という気持ちは？

「もちろんあります（笑）。東電も手強かったが、防衛省はもっと。何しろ日米安保が絡んでますからね」

――防衛省の住民説明会には？

「参加しました。一発目に質問しましたよ。馬毛島に基地ができた場合と、基地ができなかった場合、どちらが攻撃される確率が高いですか？」

――その答えは？

「そんな仮定の話には答えられません（笑）。ちょっとちょっと、基地建設はそもそも戦争があるかも、という仮定の話でしょ？」

――防衛省はまともに答えないから、住民の中にイライラが高まっていったそうですね。

「私の友人は、『今、環境アセスメントをやっているが、どこの業者を使っているのか、そして誰がジャッジするのか』と尋ねました、答えは『防衛省が雇った業者で、防衛省がジャッジします』（苦笑）」

――ドロボーが裁判長になっている（笑）

「完全に八百長ですよ。中国が攻めてくるから基地は必要だ、という人もいます。でもね、そうならないために話し合えばいい。基地があれば逆に狙われるんです。もう戦争する時代じゃない。だって核兵器でどちらも滅びてしまうんですよ。ずっとこの島に住んでいられるように、今後も『馬毛島通信社』の運動を広げていきたいです」

市民も漁師も分断されて

馬毛島をめぐる現地の状況をつぶさに見てきたが、少しここで補足説明が必要だ。それはまず「漁師さんへの6万5千円問題」。これは漁業組合が個別の漁師に斡旋しているのだが、賛成派の漁師にしか発注していない。つまり反対派漁師は干されている。不漁が続く種子島で、このお金は賛成派を増やしていることだろう。

次に「西之表市の道路は中種子町、南種子町に比べて痛んでいる」とのウワサ。これは事実が確認できない。私はレンタカーでいろんな道路を走ったが、西之表市に入った途端ひどくなるとは感じなかった。ましてメインストリートの国道58号線は国の所管だ。街の商店街を歩いて、人々と立ち話をした。「共産党の人たちが中種子町、南種子町の貧困層を西之表市に移住させた」という人がいた。「なぜですか?」と尋ねると「こちらに来れば生活保護が受給できると移住させて、反対票を増やしたと聞いてますよ」。これらの話はあくまで「そう聞いた」「~らしい」というもの。

リッチ社と加藤官房長官の面談直後、160億円に

では最後に「なぜ当初4億円の土地が45億円と鑑定され、最終的に160億円で売買されたのか」

という問題について、まずは防衛省へ情報公開請求をしてみよう。

2021年2月12日に情報公開請求書を郵送した。請求した文書は3点。①2018年度にタストンエアポート社と防衛大臣の間で交わされた土地売買契約書。②当初、馬毛島の評価を45億円とした積算根拠のわかる文書（土地鑑定書など）③45億円の評価額が160億円で売買されることになった経緯がわかる文書（タストン社と防衛省の面談記録など）である。

「利権の島」に血税120億円が消えた！

防衛省「馬毛島」買収に暗躍した「加藤勝信」官房長官

特集

▶地権者と政府の窓口は「加藤長官」という"口利き"面談記録

▶「加藤家」親密企業は濡れ手で「5億円」

▶コネクト不倫官僚がまた登場！

▶官邸主導を証明する音声データに「菅総理の意向」

写真17　「週刊新潮」2020年11月19日号

同時に東京の（株）立石建設へ電話した。タストンエアポート社は子会社で、この社屋にあるようだ。会長の立石勲氏への面談を申し込んだが、「この件では一切誰とも会わないようにしている」との返事だった。19年1月に島が売れるまでは、立石氏はマスコミのインタビューを受けていたようだが、売れたので会わなくなったのか？　それとも「どこの馬の骨」かわからないフリージャーナリストは会えないのか？

この問題については、「週刊新潮」（写真17）やネットニュース「ハンター」がその疑惑を報道し、さらには西之表市自身が公開質問状を出している。以下にその概略を記す。

2011年に2プラス2で、馬毛島が正式にFCLP訓練基地候補に指定されてから、防衛省とタストン社、つまり立石勲氏との間で売買交渉が始まった。当初、防衛省が提示したのは45億円、立石氏側は約400億円だったとされる。この後水面下で交渉が続いたようだが、ここで交渉を仲介したのがリッチハーベストという不動産会社。このリッチ社は故加藤六月代議士と旧知の仲で、六月氏の女婿が現在の加藤勝信官房長官である。立石氏はこのリッチ社に借金があったようで、立石建設の自社ビルなどに根抵当権をつけられていて、立石建設が世田谷区の公共工事を落札したものの、その工事費を差し押さえ請求されたりもしている。つまり立石氏側は馬毛島を「何としても高値で売らねばならない」事情があった。リッチ社と防衛省、政府要人の面談記録によると2018年10月から12月にかけてリッチ社と加藤官房長官は4回面談し、スガの懐刀とされる和泉洋人秘書官とも3回会っている。交渉がこじれる中で防衛省は「いくら吊り上げられても100億円以上は無理」との態度だったようだが、この面談後に事態が動く。リッチ社と加藤官房長官の面談直後、19年1月にタストン社から160億円で買い取ることになったのだ。当初の45億円から115億円もの金が上積みされた。「馬毛島に2本の滑走路を作って、島の価値が上がった」と説明されてはいるが、実は立石氏が作った滑走路は舗装されておらず、また風向きを考慮すれば、タッチアンドゴーの滑走路には不適切なため、「今の滑走路は撤去し、新たに2本の滑走路を引く」ことになる。

背後にある加藤・スガの影

これは「逆森友事件」ではないか。森友問題は、あの国有地にゴミが埋まっているという「ストーリー」を作って、9億円の土地を約8億円も値引きした。馬毛島は「滑走路があるから」と値を吊り上げたが、こちらも「ストーリー」で、一から滑走路を建設しなければならない。そして森友の背後にはアベ、アッキーの影があり、馬毛島の背後には加藤、スガの影がある。

そして問題の160億円だが、これはなんと沖縄・辺野古基地の建設費を流用して支払われている。西之表市は「辺野古は米軍基地。馬毛島は自衛隊の基地。根本的に用途が異なるので、馬毛島の予算は新規に計上すべきではないか」と質問した。防衛省の回答は「この土地の取得費は予算の『目と目』の流用なので、問題ない」。予算には款・項・目・節などがある。その目と目の間なのでOKって、こんな理屈が通るのなら、国会なんて要らない。すべて「アベ・スガの言う通り」「審議なしで実行する」ということになる。

沖縄の人々がずっと反対の民意を示している辺野古新基地建設。美しい海を汚して、埋めても埋めても沈んでいく膨大な建設費。その一部を姑息な手段で、馬毛島の基地建設に使おうとし、さらにはその決定方法が秘密になっている。これは二重三重の国民に対する裏切りである。

やる気のないポンコツ総理

防衛省への情報公開請求のその後だが、21年3月22日に防衛省から文書が届いた。その内容は、①不動産鑑定書は部分開示する。②土地所有者との交渉に関する資料は一切不開示（写真18）だった。部分開示される不動産鑑定書は、開示の実施方法等申出書（写真19）によれば、A4判が63枚でA3判が6枚であることがわかる。鑑定書が閲覧できるのは4月7日からでこの原稿を書いている

防官文第４０７４号
令和３年３月１７日

行政文書不開示決定通知書

西谷　文和　様

防衛大臣
（公印省略）

令和３年２月１２日付けの行政文書の開示請求について、行政機関の保有する情報の公開に関する法律（平成１１年法律第４２号。以下「法」という。）第９条第２項の規定に基づき、下記のとおり、開示しないことと決定しましたので通知します。

記

1　不開示決定した行政文書の名称
　土地所有者との交渉に関する資料

2　不開示とした理由
　上記１の文書の全てについては、国の機関が行う事務又は事業に関する情報であり、これを公にすることにより、契約、交渉に係る事務に関し、国の財産上の利益又は当事者としての地位を不当に害するおそれがあり、また、当該事務又は事業の性質上、当該事務又は事業の適正な遂行に支障を及ぼすおそれがあることから、法第５条第６号柱書き及びロに該当するため不開示としました。

写真18　立石氏側と防衛省との交渉記録は一切不開示

時点（3月23日）では、その内容は全くわからない。部分開示通知書によると、かなりの部分が「特定の個人が識別されるので不開示」だ。おそらく「滑走路を作ったので土地の評価がこれだけ上がった」などの肝心な部分は不開示なのだろう。そして結論部分である最後のページ63枚目は全面不開示。これでは島の価値を45億円とした積算根拠は全く不明となってしまう。

そして全面不開示にされたのが「土地所有者との交渉に関する資料」。おそらく立石氏側と防衛省の生々しい面談記録が、そこに記されているはずだ。肝心の交渉記録が全面不開示。予想されていたとはいえ、これでは「全く事実経過がわからない」。財務省や総務省、文科省の中には「面従腹背」の官僚たちがいて、モリカケ桜、総務省接待問題などで、こっそり内部情報をリークした人たちがいた。スガ恐怖政治の下ではあるが、国民の税金１６０億円を使って自然あふれる島を基地にしようとしているのである。4億円が45億円になり、最終的に

160億円までつり上がった経過、これは防衛省内部からの勇気ある告発がないと、真相が明らかにならないのではないか？　本当にこんな国でいいのだろうか？

21年2月15日、共産党の田村貴昭議員が馬毛島問題で質問に立った（https://www.youtube.com/watch?v=faKbpCrIpVo）。田村議員は「島に分断と対立を持ち込んだ政府のやり方」が無責任で冷酷だと追及した。答弁を求められたポンコツ総理スガは「市民の理解と協力を求めていく」と、やる気のない態度で答えていた。それは「沖縄の人々の理解と協力を求めていく」と言ってきたのと瓜二つ。やはりこのポンコツ総理を変えるしかない。総選挙で答えを出そう。

令和　　年　月　日

行政文書の開示の実施方法等申出書

防衛大臣　殿

氏名又は名称

住所又は居所

連絡先電話番号

行政機関の保有する情報の公開に関する法律第 14 条第 2 項の規定に基づき、下記のとおり申出をします。

記

1　行政文書開示決定通知書の番号等
＊ 日　付：　令和３年３月１７日
文書番号：　防官文第４０７５号

2　求める開示の実施の方法
下表から実施の方法を選択し、該当するものに○印を付してください。

行政文書の名称	種類・量	実施の方法	
不動産鑑定評価書	Ａ４判用紙 ６３枚 （うちカラー２枚） 及び Ａ３判用紙 ６枚	１閲覧	①全部
			②一部（　　　　）
		２複写機により用紙に複写したものの交付（白黒）	①全部
			②一部（　　　　）
		３複写機により用紙に複写したものの交付（カラー）	①全部
			②一部（　　　　）
		４スキャナにより電子化し、ＣＤ－Ｒに複写したものの交付（ＰＤＦファイル）	①全部
			②一部（　　　　）

写真19　不動産鑑定書はA4、A3合わせて69ページという「外見」だけがわかる

第3章

事故から10年、福島原発の今

小出　裕章（元京都大学原子炉研究所助教）

1．福島を襲った大きな余震。原発は今…

「使用済み燃料プール」が満杯状態

――21年2月13日深夜、福島県沖を震源とするM7超の地震が起きました。これは3・11の余震だと言われています。しかし「10年前より揺れがひどかった」と証言する人が多数おられます。その結果、福島第一原発の5、6号機で「使用済み燃料プール」と「共用プール」から水漏れがあり、福島第二原発1号機でも「使用済み燃料プール」から160㎖の水漏れがあったと発表されました。まず初めに、この「使用済み燃料プール」や「共用プール」とはいったいどのようなものなのですか？

小出裕章　原子炉を運転しますと、燃料はいずれかの段階で「これ以上は燃やすことができない」状態になって、これを「使用済み核燃料」と呼んでいます。猛烈な放射能の塊で、原子炉から取り出さないといけません。そのために原子炉の上蓋を開いて「使用済み核燃料」を原子炉の上に吊り出して、隣にある「使用済み燃料プール」に移すという作業をしてきたわけです。ですから「使用済み燃料プール」は原子炉建屋の最上階にあるのです。

――だから最上階に。なんで危険なプールを上に置いてるんだろうという長年の謎が解けました。

小出　原子炉で燃え尽きた燃料を、次々と隣の「使用済み燃料プール」に移してきたのですが、どんどん使用済みの燃料が溜まってきてしまって「使用済み燃料プール」が満杯になっているのです。こうなると原子炉の運転ができなくなってしまう。困ったことだということで、原子炉建屋とは別のところにまた別のプールを作って、満杯になった「使用済み燃料プール」から「共用プール」へ燃料を移動させて、なんとか原子炉の運転を続けられるようにしてきたのです。

――「原発はトイレなきマンション」と言われますが、トイレがないので、大きなオマルを備え付けて（笑）、このオマルで漏れた分をまた小さなオマルに移し替えていた、ということですか？

小出　そうです。まぁ小さくないんですけど（笑）

――この「使用済み燃料プール」の水って、恐ろしいほど強烈な放射能だと思いますが、ここから水が漏れるということは東電が想定する以上の揺れだった、ということですか？

小出　彼ら原子力マフィアは、もともと「大きな地震に襲われることはない」と、タカをくっていたのです。「使用済み燃料プール」から水が漏れたことは、結構、過去にも例があります。タライの中に水を入れて、横に振るとタライから水がこぼれます。これをスロッシング現象と言うのですが、これが起きた。彼らは安易に物事を考えていると指摘することはできますが「水が漏れた」ということで直ちに大きな危険が生じる、ということではないと思います。

一層困難になった放射能汚染水対策

――この「使用済み燃料プール」からの水漏れもビックリしたのですが、さらに後になって福島第一原発の1、3号機で、「格納容器の水位が低下」と発表されました。

小出　これは大変重要なことです。2011年3月11日の地震と津波の時に、格納容器に穴が空いてしまった。この穴が「さらに拡大した」ということを示していると思います。多分、他にも何か隠していることがあって、これから何かまた出てくるのかな、と心配しています。

——3・11で原発が爆発して、格納容器が割れてしまった。その時の穴が今回の地震で大きくなってしまった。ということは、さらに水が地下に漏れているのですか？

小出　格納容器から原子炉建屋の中に漏れるのですが、建屋には地下水も流れ込んでいます。つまり格納容器から漏れてくる水と地下水が、混然一体となって「放射能汚染水」となり、どんどん汚染水が増えている、という状況です。格納容器の穴が広がると、さらに汚染水が増量しますので、今後の汚染水対策が一層困難なものになるということです。

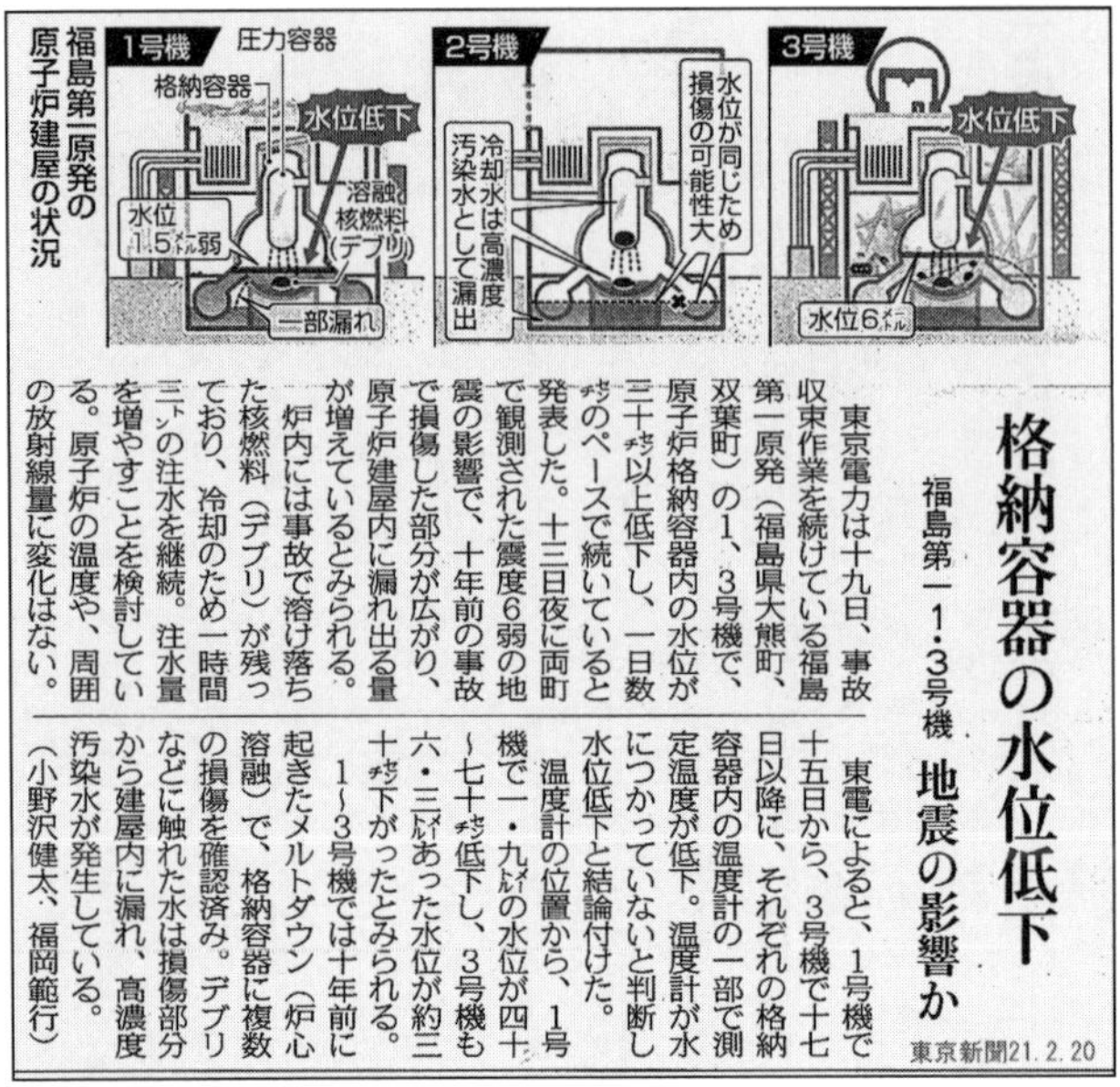

格納容器の水位低下

福島第一1・3号機　地震の影響か

東京電力は十九日、事故収束作業を続けている福島第一原発（福島県大熊町、双葉町）の1、3号機で、原子炉格納容器内の水位が三十センチ以上低下し、一日数センチのペースで続いていると発表した。十三日夜に両町で観測された震度6弱の地震の影響で、十年前の事故で損傷した部分が広がり、原子炉建屋内に漏れ出る量が増えているとみられる。

炉内には事故で溶け落ちた核燃料（デブリ）が残っており、冷却のため一時間三トンの注水を継続。注水量を増やすことを検討している。原子炉の温度や、周囲の放射線量に変化はない。

東電によると、1号機で十五日から、3号機で十七日以降に、それぞれの格納容器内の温度計の一部で測定温度が低下。温度計が水につかっていないと判断し水位低下と結論付けた。

温度計の位置から、1号機で一・九メートルの水位が四十～七十センチ低下し、3号機も六・三メートルあった水位が約三十センチ下がったとみられる。

1～3号機では十年前に起きたメルトダウン（炉心溶融）で、格納容器に複数の損傷を確認済み。デブリなどに触れた水は損傷部分から建屋内に漏れ、高濃度汚染水が発生している。

（小野沢健太、福岡範行）

東京新聞21.2.20

「東京新聞」2021年2月20日

——この汚染水は今までよりも「濃い」ものになりませんか？

小出　格納容器の中の汚染水は、猛烈に濃いものです。それが今まで以上に流れ落ちてくることになりますので、量の問題もあるし、放射能の濃度の問題もありますので、これから対処がますます難しくなると思います。

——絶対に汚染水を海に放出したらダメだということですね？

小出　もともと放射能を無毒化する力は、人間にはありませんし、自然にもないのです。自然に浄化作用がないものは、自然に流してはいけない。だから放射能を海へ流す、ということは「初めからやってはいけないこと」です。つまり原子力なんか、使ってはいけないということなのですが、原子力を進めてきた人たちは「少しくらいならいいだろう」と、これまでやってきてしまったということです。

——オリンピックを開催している場合ではなく、そのお金を全て福島原発の廃炉に当てろという話ですよね

小出　そうです。アベさんがオリンピックを誘致した2013年は、まだまだ原子力緊急事態宣言が出ていて、それは今でも続いています。本来は、これが解除できるように力を尽くすべきなのに、アベさんたちは、「自分たちの罪を隠してしまいたい」ということで、国民をお祭り騒ぎに引きずり込もうとしたわけです。そのための東京オリンピックですから、こんなもの初めからやってはいけなかったのです。

杜撰な管理体制と合格証

——福島県や宮城県に原発があるのですが、今後、より大きな余震があるかも。

小出　誰も地震が起きてほしいとは願いませんが、時に地震が起きてしまう。世界一の地震国ですから、また来るというのは覚悟しておかねばならないと思います。

——M8クラスの余震が来る可能性も言われています。

小出　東北地方・太平洋沖はM9の地震が起きたわけですし、東海地震でもM8か8・5と言われ

ています。日本中、どこが襲われても不思議ではありません。

――10年前は地震と津波の複合災害だった。例えば次は、地震と火事の複合になるかもしれない。その時、また「想定外」と言うのでしょうか？

小出　事故というのは、予測できないからこそ事故と呼ばれるわけです。予測できていれば対処の仕様があります。今後も予測できないような事態が襲って来るだろうと思います。

――今回の地震で、廃炉作業に影響は出てきますか？

小出　格納容器の水位が下がっているので、汚染水の量、質が変わってきます。そして、その穴がこれからどうなるか、ということも全く分からない。多分、困難がますます深まっていくと思います。

――作業員も恐ろしいですよね、余震がいつまた起きるか分からない。

小出　大変な労働現場だと思います。

――地震も恐ろしいのですが、こちらも恐ろしい話が報道されました。20年9月に新潟県の柏崎刈羽原発で、「他人のＩＤカードで不正入室した作業員が中央制御室まで入った」というのです。テロとか事故とか、運転ミスなどが考えられるわけで、ありえないほどズサンな管理体制ですね？

小出　人間が働く職場というのは、本当は「ズサンなくらいがちょうどいい」(笑)と私は思うのですが、原発の場合は、一度事故になると途方もないことになってしまいます。ですので米国は軍隊が守っています。日本ではそんなことできませんから「いろいろなチェック機構を設けている」と言ってるわけです。でもそんなチェック機構も簡単に乗り越えられてしまう、ということですね。多分これは氷山の一角だと思いますが、それが発覚したということです。

――複数のゲートで認証エラーが出て、その度に警備員が不審がっていたけれども、中に入れたそうです。

小出　ですから、みんなもう慣れっこになっているのかなー、くらいに私は思っています。

――原子力規制庁が、原子力規制委員会の更田豊志会長に「4カ月も報告していなかった」と報道されています。これは「報告体制もダメだ」ということですね。

小出　規制庁が彼に伝えなかった。なぜかと言うと、原子力規制委員会は柏崎刈羽原発の新規制基準の審査を進めていて、21年1月に合格証を出したのです。本当なら合格証を出す前に伝えるべきだと思いますが、規制庁が隠し通して、規制委員会はそれを知らないで合格証を出した。こういうストーリーになっているんですね。これも本当かどうか、私には分かりませんが（苦笑）、やり方が実に汚いですし、おかしな世界だなと思います。

――更田さんは「知らなかった」とおっしゃってますが、早期に明らかになっていれば合格証は出なかった可能性は高いですよね。

小出　もちろんです。新規制基準に合致するというためには、例えば「特重施設（特定重大事故対処施設）」という、テロに対する様々なハード的な設備を設けなければいけない、ということになっていました。安全というのはハードだけではダメで、ソフト面でもきちっと安全が守れるかどうかは、重要なことなのです。それが全然ダメだった、ということが合格証を出す前にバレてしまうと、合格証が出せないという状況になったと思います。それを嫌った規制庁が規制委員会に事実を伝えなかったのだろうと想像します。

――他の原発にも再稼働に向けた合格証が出ていますよね。こうなると合格証自体が信用できなくなりますね。

小出　規制庁という官僚組織がずっと原子力を進めてきたわけで、自分たちの都合のいいように情報を取り扱ってきたわけです。今回もそうなった。これまで合格証が出た原発でも、本当はまだまだ「隠された事実」があるんだろうと私は思っています。

頭蓋骨を切って見てみたい

――まだまだ隠されたスキャンダルがありそうですね

小出　政治の世界でいろいろとスキャンダルが出てきますが、多分、原子力の世界でもあるだろうと思います。

――柏崎刈羽も福島も東電です。10年目を迎えて改めて思うのですが、やはり東京電力は一回解体して、新たに国が責任を持った形でやり直さないとダメだったのではないですか？

小出　もちろん東京電力は解体すべきだと思います。２０１１年3月11日にあの事故を起こした時に、そうすべきだった。今からでもやるべきだと思います。ただそれを引き継ぐのが国の組織であれば、ひょっとしたらもっと悪くなる（苦笑）かも知れません。

――キツネがタヌキに変わるだけ（笑）。人事も体制も一新しないとダメですね。

小出　そうです。

――この期に及んでも、まだ再稼働にこだわっている政府や電力会社って一体なんなのでしょう？

小出　ほとほと呆れています。福島の事故が起きた時に、まず目を覚まさなければいけない。しかし全く目を覚まさないまま、まだまだ続けるという選択をする人たちですので、どういう頭をしているのか、頭蓋骨を切って、見てみたい（笑）という気持ちになります。

――中身は、すべてドルと円だったりして（笑）。よく分かりました。どうもありがとうございました

小出　ありがとうございました。

（このインタビューは2021年2月20日に行われました）

2.「CO_2は出ない」「止めたら停電」「コストが安い」は全部ウソだった

原発の宣伝文句は最初からウソだった

――支持率が急降下しているスガ政権ですが、その数少ない目玉政策の一つが2050年までのカーボンニュートラル。つまりCO_2排出をトータルでゼロにする。これ自体は賛成ですが、スガ政権はそのためには原発再稼働を仕掛けてくるでしょう。その上でお聞きします。政府や電力会社は「原発はCO_2を出さない」と言い続けてきましたが、これは本当ですか？

小出　本当ではありません。かなり昔はそう言っていたのですが、途中からちょっと変わって「発電時には出さない」と言い換えた。なぜか？　ウランの核分裂反応では出さないが、原子力発電所自体が鋼鉄とコンクリートの塊で、建造するときにもCO_2を出しますし、ウラン鉱山からウランを掘り

出す時も膨大なCO_2を出します。その燃料を加工したり、製錬するときにも出している。核分裂をさせた後の、核のゴミを始末するときにも出してしまう。つまり原子力を使おうとすれば、そこら中でCO_2を膨大に出してしまうのです。なので「原発はCO_2を出さない」という宣伝は最初からウソだったわけです。しかし原子力マフィアたちはなんとか言いくるめようとして「発電時には」という言葉を付け加えたわけです。

――イメージって恐ろしくて、あれだけ大量のCMが流れてしまうと、なんとなく石炭火力はたくさん出すけど、原発はゼロなんだと思い込んでいる人が多いのではないですか。

小出　多いでしょう。四六時中、そういう宣伝をしてきたわけです。原子力マフィアたちは「原発は石炭火力の50分の1しかCO_2を出さない」と言います。なぜ彼らがこう主張するかと言いますと、彼らの希望するモデルを作って、ウラン鉱山ではこれくらいしか出しません、燃料加工の時もそれほど出ません、原発運転時もそれほど電気を使いません、そして原発は事故など起こしません（苦笑）、と。仮に原発が事故なく安全に止まったとしても、出てきた核のゴミの問題があります。彼らは「地面の下に埋め捨ててしまえばそれでおしまいです」と言いますが、それは「願望のモデル」に従って計算しただけのことなのです。実際には福島原発事故が起きましたし、核のゴミを地面の下に埋めるなんてことは到底やってはいけないことです。核のゴミは猛毒なので、埋めたとしても10万年、100万年もの間、お守りをしなければならない。その管理のためにどれだけのエネルギーが必要なのか、どれだけのCO_2を排出するのか、もう誰もわからない状態になってしまったというのが現実です。結論を述べると、もしCO_2が地球温暖化の原因だとすれば、原子力だけはやってはいけない、ということになると思います。

核のゴミのお守りは数十万年

――核のゴミは最低でも10万年冷やし続けないといけないんですよね。

小出　そうです（苦笑）

――このためのエネルギーって想像つきませんが、今は「使用済み燃料棒」は原発敷地内のプールに入れて冷やす「水冷」ですね。これを何十年と続けている。

小出　そうです。しかしプールで冷やし続けるわけにはいかないので、いずれ乾式貯蔵という形で「空冷にしたい」と言ってるわけですが、燃料棒を入れる容器の安全性を考えれば10万年、100万年という途方もない期間なわけで、大変な仕事になってしまうと思います。

――素人考えでも、プールの水を循環させるには電気を使うやろうなとか、「空冷」にしても冷たい風を送るのなら、それで電気を使うやろうなとか。つまり「原発が作った電気よりも、安全に管理するための電気の方がトータルで大きいのでは」と思うのですが。

小出　最終的には、私はそうなると思います。原発の寿命はせいぜい数十年ですが、核のゴミのお守りは、数十万年。つまり1万倍もの時間の長さに渡ってゴミの始末をしなければいけない。つまり原発が作った電気を全部費やしても足りないだろうと思います。

――今は石炭火力が悪者だと言われています。確かに石炭もたくさんCO_2を出しますが、これと比べても原発の方がたくさん出す、エネルギーを無駄遣いするということではないですか？

小出　私はそう思います。先ほどの繰り返しになりますが、CO_2が地球環境破壊の主原因とするならば、原子力だけには手をつけるな、ということです。

――今後も根底からガラガラと、政府や電力会社の言ってきたウソが暴かれていくでしょう。CO_2以外にも、例えば「原発を止めたら停電する」。これは小出さんが3・11以前からウソだと指摘されていましたね。そして福島の事故後、全ての原発が止まっても電気が余った。このウソも事実によって暴かれましたね。

小出　これは当たり前のことで、政府の統計局が日本にどれだけ発電所があるかというデータを出していました。そして日本でどれだけ電気を使うか、のデータも統計局が出していたのです。このデータをきちっと見ていけば、「原発は不要だ。即時に全てを止めても、いついかなる時も停電しない」というデータが政府によって示されていたのです。私はずっとこのことを発信していたのですが、政府や電力会社は「日本の電力の3割を原子力が支えているから、止めれば停電するぞ」と脅かし続けてきたのです。即刻やめるべきです。

――逆に九州電力では、電気が余りすぎて太陽光発電を止めてましたからね（笑）

小出　そうです。馬鹿げたことをやってました。これから再生可能エネルギーを進めていくということであれば、むしろ原発をどんどん止めていく方向で経営陣も動かなければならないと思います。

――原発はCO_2を出さないというのも、止めたら停電するというのもウソでした。しかしこれはまだ信じている人が多いかも。「原発のコストが一番安い」。これもウソでしょう？

小出　それも全くウソです。CO_2と一緒です。原子力マフィアたちは自分たちに都合のいいモデルを作って、架空の単価を「ねつ造」してきたのです。発電単価を火力発電はいくら、原発はいくらと、モデルに沿って計算をして、宣伝してきたのです。大切なことは「実際にかかった費用はいくらだったのか」。電力会社の経営データを使って逆算すれば全てが明らかになる。大島堅一龍谷大学教授が、電力会社の有価証券報告書に出てくる実際のデータを使って計算したところ、原発が他のどんな発電方法よりコストが一番高いということが明らかになりました。さらに言えば大島さんが計算したのは福島事故前のデータです。福島事故の終息のための費用や被災者への賠償費用などを加味しなければなりません。今、国は約22兆円かかると言ってますが、とてもそんな金額では済みません。「日本経済センター」という民間のシンクタンクは70～80兆円と算出しています。

――将来世代に渡ってのツケになってしまいますね。

小出　この70兆円という金額をこれまでに原発が作り出した電気、7兆キロワットアワーで割ると発電単価は1キロワットアワーで10円になる。

――えっ、賠償費用や廃炉費用だけで？

小出　これだけで火力や水力を上回ってしまう。話にならないくらい原発は高くなってしまいます。さらに「核のゴミ処分コスト」がこれに加わる。10万年お守りするコストを考えると、どれだけ高くなるのかわからなくなってしまいます。

――だから世界の投資家は原発から引き上げています。

小出　世界中で「原子力が投資に見合わない」ことはずっと前からわかっていた。しかし「投機」という形、マネーゲームでやっていたのですが、福島の事故が起きて、世界では原子力から撤退するという時代に入りました。今後は投機という形でも原子力は成り立たないでしょう。

今こそ原発マフィア退治を

——その上でお尋ねします。コロナ後の社会は、農業やきれいな水の確保、電気の地産地消や乱開発の防止など、今までのシステムを持続可能なものに切り替えることが必要です。小出さんは退官後に松本市で農業を始められて、いわば先駆的に「システムの切り替え」をされました。今後は原発のない社会、自然エネルギーで地域が潤う社会が大事になりますよね。

小出 そうですね。今、「新型コロナウィルス」と呼ばれるウィルスが大問題になっています。しかし、この地球という星にウィルスは40億年前から存在していたのです。それに比べて人類は、ホモ・サピエンスと呼ばれる現生人類が登場してわずか20万年。新型というならば、人類こそが新型哺乳類(笑)。地球上でウィルスと遭遇しないなんてことはあり得ません。人間が様々に自然を破壊したため、ウィルスと遭遇する機会を増やしてしまったのです。その上で原子力をやってしまったために、放射能汚染をそこら中に広げてしまった。ウィルスは自分では単独で生きられない。生物ではないのですが、遺伝子RNAがあるのです。そこに放射線が当たって、RNAをどんどん変化させてしまっている。つまり「新型をどんどん生み出す」ことを人類がやってきてしまったのです。

——変異株が問題になっていますが、ウィルスって放射線が当たって変異する場合も?

小出 そうです。ですからウィルスに遭遇しないようにするというのも大事ですが、「変異したウィルスを作らない」ということも大切なことなのです。そのためにも原子力をやるな、と私は思います。

――そのことをメディアも学会も全然言いませんね。イギリスや南アで変異株が出たと大騒ぎしますが。

小出　どんどん新種のウィルスを人間自身が作り出してしまったのです。

――ヒロシマ・ナガサキの悲惨な経験やチェルノブイリや福島事故などで「放射能が人体に有害である」とは知っていました。しかし「コロナ問題にも放射能が影響している！」とは知りませんでした。

小出　コロナも単なるウィルスの一種ですから、そうなります。

――最後に２０２１年が始まりました。新年に当たって何か一言。

小出　年を経るにつれて「おめでたい」という言葉が出にくくなってきました。今年もそうでしたが、私自身がこうして生きているということはありがたいことだと思っています。ただ、福島の事故から10年も経ってしまって、この間、被災者の方々はどれだけの苦労を重ねてきたのか、これからもどれだけ苦労をしなければいけないのかと思うと、ここで気を引き締めて、被災者の苦労を少しでも軽くしたいと思いますし、スガさんを筆頭とする原子力マフィア、現在の政治を牛耳っている人たちをなんとか処罰したいと思います。

――今年こそ、みんなで力を合わせてマフィア退治をしたいですね。どうもありがとうございました。

（この対談は２０２１年1月18日に行われました）

おわりに

本書をアマゾンで購入した人も多いだろう。コロナで外出がままならない昨今、駅前商店街から書店が消えて、図書館も閉館状態。スマホやパソコンに出てくる書籍名をクリックするだけで2～3日後には本が届くのだから、利用者が急増するのは当然だ。このアマゾンの会長ジェフ・ベゾスは2018年～20年、3年連続で世界一の大富豪であった。その資産は14兆円超。「みなさん、14兆円ですよ！」。学習会などでこの数字を言ってもみなさんポカンとされている。「もう少しわかりやすく言いましょう。この人が1時間働けば…」。パワーポイントを進める。「時給4億円です」。ここでようやく会場がどよめく。日本人の生涯賃金は平均で約3億円。つまりベゾスは私たちが一生かかっても稼げない金額を、わずか1時間で生み出している。

国際NGOオックスファムが、世界の経済格差について報告書を出している。その21年版によると世界人口の下から半分、35億人が所持しているお金は、上から数えて62人が所有する資産に等しい。20年版の報告書によると、ベゾスの資産にわずか1％の税金をかけるだけでエチオピアの医療費は全てまかなえる。上から数えて22人は全て男性であるが、この人たちの資産を合計すると、アフリカの全ての女性が持つ資産よりも多い。上位1％のメガリッチが所有する資産に、0・5％の税金をかけるだけで、2億6千万人の子どもたちが学校に行けるようになり、300万人もの人々を飢餓から救える。

これほどまでに格差が広がり、貧困層が急増した世界にコロナが襲いかかってきた。20年10月にアフガンに入り避難民キャンプを取材したが、国連の姿はなかった。コロナで引き上げたのだ。ガリガリにやせ細ったアフガンの子どもと時給4億円のベゾス。もし両者が同じ国に住んでいれば、消費税は骨と皮だけの子どもにもベゾスにもほぼ平等にかかる。平等という名の、究極の不平等。一方、所得税の累進税率を元に戻して株式への課税を強化し、「富裕税」を新設すれば、貧困層は救われる。

今まで政府は二者択一を迫ってきた。A＝消費税を10％のまま据え置きます。その代わり、年金は大幅に削ります。B＝消費税を20％に引き上げます。その代わり年金は守ります。コロナ後の社会では、意図的に隠されたCを見つけよう。C＝ベゾスなどメガリッチの資産に1％の税金をかければ、消費税を5％に引き下げても年金は守れます。

戦争も同じこと。アメリカでテロが起こると大統領がテレビの前に出てきてこう語る。「世界はアメリカにつくのか、テロリストにつくのか、どっちなんだ」。アメリカにつけば戦争、テロリストにつけば人殺しだ。ここにもCがある。日本は憲法9条があるのでアメリカの戦争には協力しません。その代わり、アメリカとテロリストの間に入って和平会議を開催します。日本は紛争を話し合いで解決する国です。こうなれば、軍縮に向かうことができて、馬毛島に基地を作らなくてもすむだろう。狙われる確率がグッと下がるからだ。そもそも馬毛島は空母のため、辺野古は海兵隊のための基地。どちらも攻撃用の部隊で、「持たないほうが安全」だ。こんな基本的なことが共有されないのは大手メディアがちゃんと伝えないからだ。だからミニコミの「路上のラジオ」を始めた。

急な要請にもかかわらず、快く対談していただいたみなさん、日本機関紙出版センターの丸尾忠義さん、拙い話を番組に編集してくれる山本索さん、そして何よりリスナーのみなさんに感謝を申し上げて、ひとまず筆を置くことにする。

2021年3月　底なしの接待疑惑とまともに答えない菅総理。国会中継を見つめつつ

西谷文和

【著者紹介】

●**西谷文和**（にしたにふみかず）

1960年京都市生まれ。大阪市立大学経済学部卒業後、吹田市役所勤務を経て、現在フリージャーナリスト、イラクの子どもを救う会代表。

2006年度「平和共同ジャーナリスト大賞」受賞。テレビ朝日「報道ステーション」、朝日放送「キャスト」、ラジオ関西「ばんばんのラジオでショー」日本テレビ「ニュースevery」などで戦争の悲惨さを伝えている。

西谷文和「路上のラジオ」を主宰。

主著に「安倍、菅、維新。8年間のウソを暴く」（日本機関紙出版センター、2020年）、「西谷流地球の歩き方上・下」（かもがわ出版、2019年・20年）、「戦争はウソから始まる」（日本機関紙出版センター、2018年）、『「テロとの戦い」を疑え』（かもがわ出版、2017年）、『戦争のリアルと安保法制のウソ』（日本機関紙出版センター、2015年）、『後藤さんを救えなかったか』（第三書館、2015年）など。

ポンコツ総理 スガーリンの正体　すべてはウソと八百長だった！

2021年５月１日　初版第１刷発行
2021年７月31日　初版第２刷発行

著　者　西谷文和
発行者　坂手崇保
発行所　日本機関紙出版センター
〒553-0006　大阪市福島区吉野3-2-35
TEL 06-6465-1254　FAX 06-6465-1255
http://kikanshi-book.com/
hon@nike.eonet.ne.jp
編集　丸尾忠義
本文組版　Third
印刷製本　シナノパブリッシングプレス

ISBN978-4-88900-995-8

日本機関紙出版の好評書